KB122558

강제동원&평화총서 15

반反대를 론論하다

'반일종족주의'의
역사부정을 넘어

강제동원&평화총서 15

반反대를 론論하다 | '반일종족주의'의 역사부정을 넘어

초판 1쇄 발행 2019년 12월 31일
초판 2쇄 발행 2020년 2월 15일

저 자 정혜경·허광무·조건·이상호

펴낸이 윤관백
펴낸곳 도서출판 선인

등 록 제5-77호(1998. 11. 4)
주 소 서울특별시 마포구 마포대로 4다길 4
전 화 02-718-6252
팩 스 02-718-6253
E-mail sunin72@chol.com

정 가 15,000원

ISBN 979-11-6068-326-4 94900
     978-89-5933-473-5 (세트)

강제동원&평화총서 15

반反대를론論하다

'반일종족주의'의
역사부정을 넘어

정혜경 · 허광무 · 조건 · 이상호

『반대를 론하다 – '반일종족주의'의 역사부정을 넘어』, 우리는 왜 이 책을 내는가.

2019년 여름, 한국 사회는 '개혁'이라는 목표 앞에 극단적인 표출 사례를 경험했다. 특정한 의도를 가진 정치 행위는 쉽게 상식을 뛰어넘는다. 이러한 점에서 같은 시기에 출간한 『반일종족주의』도 유사한 책이다. 역사학 연구자, 그리고 전쟁피해와 인권문제를 연구하는 연구자들에게 이 책은 불편함을 넘어 고역스러운 책이다.

"바른 역사를 위한 진실된 기록"을 표방했으나 내용을 보면, 정반대임을 알 수 있다. 기존의 논의와 연구를 제대로 된 실증적 조사나 분석 없이 송두리째 가짜로 규정하고 부정하는 단순함. '사기' '거짓말' '날조' '조작' '선전' '악의적 선동' 등 자극적인 단어의 나열. 이미 공개된 다양한 자료를 외면한 불성실함, 특정한 의도에 맞추어 짜 맞춘 편협성. 집필자 스스로 드러낸 논리적 모순. '정말 연구자가 썼을까' 의문이 들 정도로 억측과 궤변이 가득하다. 그 이유는 『반일종족주의』가 객관적 사실과 보편적 인권 관념에 입각한 역사 인식을 공유하려는 목적보다 특정한 의도를 선동하기 위한 책이기 때문이다. 특정한 의도란, 강제동원의 역사를 부정하고, 일본의 식민지 지배과정에서 인위적 차별이 없었음을 강조하며, 일본의 식민통치가 한국 근현대사에 기여했음을 주장하기 위한 의도다.

기존의 논의와 연구를 가짜로 규정하는 것은 연구자들의 영역이 아니다. 연구자들에게 가짜와 진짜 논의는 무의미하다. 이런 주장에 대해 일대일로 대응하는 것도 생산적이지 않다. 그렇다고 전직 법무부 장관처럼 "읽어보지 않았으나 역겹다"는 말로 외면할 수는 없다. 연구자라면, 그런 무책임한 내뱉음 대신 『반일종족주의』의 역사부정을 넘어서기 위한 노력을 적극적으로 기울여야 한다.

어떠한 노력이 필요한가. 실증적 연구의 중요성을 인식하고, 연구성과를 시민사회와 공유하는 노력의 필요성을 인식하는 계기를 마련하는 것이다. 아울러 객관성과 보편성의 관점에서 연구자의 역할에 대해서도 되돌아보는 기회로 삼는 것이다. 나아가 한국을 넘어 일본 사회가 객관적인 사실과 인류의 보편적 가치관을 접하도록 하는 노력이다. 그러기 위해서는 우리 안의 오류에 대해서도 엄격해야 한다.

그간 학계는 대중들이 이해하기 쉬운 일제 말기 역사책을 풍부하게 내지 못했다. 그 이유는 학계가 대중적 글쓰기에 거리감을 두려 했던 것이 아니다. 규명해야 할 내용이 산적해 이를 대중적으로 전달하기에는 부족한 점이 많다고 여겼기 때문이다. 연구가 축적되지 않은 상태에서 거친 이야기를 대중에게 전달하는 것은 무책임한 일이다. 일제 말기 관련 대중서를 일제강제동원&평화연구회 소속 연구자들이 전담하다시피 하는 이유는 연구회가 바로 일제 말기 인력동원에서 가장 많은 연구성과를 낸 연구자들의 모임이기 때문이다.

『반일종족주의』 독자들 가운데 책을 읽고 사이다와 같이 통쾌함을 느낀 이들이 있다고 한다. 아마 우리가 35년간 일본에 당하고 살아온 줄 알았는데, 그게 아니라니 다행이라는 의미에서 '사이다'라고 표현한 듯하다. 그러나 아쉽게도 일제 말기 한국사는 찬란한 승리의 역사가 아니라 조선 민중이 경험한 전쟁피해의 역사였다. 다만 한반도만이 겪은 피해가 아니라 아시아와 태평양 지역의 민중이 같이 겪은 피해이다. 그러므로 전쟁피해나 강제동원 문제는 한일간 민족문제나 민족 감정 문제를 넘어서 인류 보편의 가치를 찾아가는 과제다.

현재 한일 양국 관계는 최악이라고 한다. 정부 차원만의 문제가 아니다. 일본 시민들은 한국의 반응을 이해하지 못하고, 한국 시민들은 강한 거부감을 표출한다. 이해하려 하지 않고, 각자 자기 생각만 표현한다. 불통이다. 이같이 한일 양국 시민들이 소통하지 못하는 이유는 전후 세대가 균형적 역사 인식을 갖지 못했기 때문이다. 전후 세대가 과거의 경험을 모르니 오해할 수 있고 거부감을 가질 수 있다. 이같이 최근 한일관계는 양국 사회가 일제 말기 역사에 대해 무관심한 결과이기도 하다. 재일사학자 강덕상姜德相은 한일관계 해결의 출발점은 '사실의 무게를 아는 것'이라 했다. 최악의 한일관계를 벗어나기 위해서도 우리는 사실의 무게를 느끼기 위해 노력해야 한다.

그렇다면 한국 사회는 사실의 무게를 느끼기 위한 노력을 충분히 기울이고 있는가. 아쉽게도 그렇지 못했다. 근대 이후 한반도는 여러 차례 크고 작은 전쟁을 경험했다. 그러나 현대를 살아가는 이들 가운데 전쟁경험자를 찾기 어렵다 보니 전쟁은 다른 나라 이야기이다. 특히 젊은 세대에게 전쟁은 게임에서나 즐기는 세상이다. 그러다 보니 우리가 경험한 전쟁피해의 역사를 이해하지 못하고, 『반일종족주의』의 역사 왜곡과 역사부정에 귀 기울이는 것이다.

『반대를 론하다 – '반일종족주의'의 역사부정을 넘어』는 이러한 점에 주목한 이들이 모여 만든 책이다. 역사문화콘텐츠 공간 회원인 이상호 박사의 제안에서 시작되어 정혜경이 기획을 하고 역사문화콘텐츠 공간 회원을 중심으로 집필진을 구성하면서 실현되었다.

『반대를 론하다 – '반일종족주의'의 역사부정을 넘어』의 필진은 역사학(한국사, 미국사)과 경제학 등 전공이 다양하다. 공통점은 모두 해당 분야에 대한 연구논문을 여러 편 발표했거나 학위논문을 쓴 연구자들이라는 점이다.

『반대를 론하다 – '반일종족주의'의 역사부정을 넘어』는 두 부분으로 구성했다. 『반일종족주의』 내용 가운데 근대화론이나 일본군 위안부 주제는 포함하지 않았다. 이들 주제에 대해서는 국내에서 별도의 출간 작업이 진행되고 있기도 하고, 집필에 참여한 연구자들의 전공도 고려했다.

제1부 '제도를 통해 본 일제 강제동원'은 총 네 편의 글을 실었다. 이 책은 단순히 『반일종족주의』 논박에 그치는 책이 아니다. 그러므로 제1부를 통해 큰 틀에서 당시 시대와 체제를 보여주고자 한다.

1. 일본의 국가총동원체제와 동원 시스템(정혜경)
2. 아시아태평양전쟁시기 조선인노무자 강제동원에 대한 이해 – 일본 후쿠오카현의 사례(허광무)
3. '지원志願'의 역설: '황민皇民'이 되기 위해 '황군皇軍'이 된 것이 아니다(조건)
4. 친일맹신주의 – 호모 크레둘리타스Homo Credulitas(이상호)

1996년 일본에서는 '새로운 역사교과서를 만드는 모임' 출범을 계기로 역사논쟁이 일어났다. 역사학자 테사 모리스 스즈키는 『우리 안의 과거』에서 일대일 대응이 갖는 위험성을 경고했다. 그들이 만들어놓은 프레임을 넘어서 '역사에 대한 진지함'을 나누기 위한 노력이 필요하다고 강조했다.

『반대를 론한다 – '반일종족주의'의 역사부정을 넘어』는 바로 역사에 대한 진지함을 나누려는 노력의 일환이다. 테사 모리스 스즈키의 생각대로 하면, 『반일종족주의』는 일대일로 대응할 필요가 없다. 만약 대응해야 한다면, 다양한 역사미디어와 역사문화콘텐츠를 활용하는 것이 효과적이다. 이런 문제의식 아래 책도 출판콘텐츠라는 점에서 역사문화콘텐츠의 하나이므로 일단 먼저 책을 선택했다.

제2부 자료로 검증한 역사부정과 왜곡은 두 가지로 구성하고, 부록에 여러 자료를 수록했다.

1. 역사부정을 논박하다 – 자료로 검증하는 다섯 가지 이야기(정혜경)
2. 넘어서기 – 우리 안의 실수와 오해(정혜경)

제2부의 첫 번째는 『반일종족주의』제5·6·7장에 대한 대응이다. 대응할 가치가 없다고 생각하지만 독자들이 궁금증을 해소하도록 돕는 역할도 연구자의 몫이기에 몇몇 내용만 다루었다.

두 번째는 과감하게 드러낸 '우리 안의 오류'다. 연구 환경이 척박했던 시절에 어렵게 이룬 연구 성과를 후학들이 무비판적으로 답습하거나 잘못 해석한 시행착오의 결과물이다. 특정 연구자 개인의 문제가 아니라 학계 전반의 문제이기에 '우리'라고 표현했다. 타인의 오류이든 우리 안의 오류이든 연구 과정에서 발생한 오류를 지적하는 것은 당연한 연구의 과정이다. 강제동원 연구는 이제 출발 단계이므로 실증적 연구를 통해 기존의 시행착오를 넘어서는 연구성과를 내야한다. 시행착오를 해결하는 기본적인 방법은 외면하지 않고 스스로 오류를 극복하는 것이다.

다시 처음 질문으로 돌아가보자. 우리는 왜 이 책을 내는가.

"만약 학문 외적 의도가 없고, 연구자의 성실함과 자기고민이 있다면 이와 같은 무책임한 일반화는 불가능하다. 성실하지도 실증적이지도 않은 주장은 사실의 무게를 어떻게든 외면하려는 편협함만을 드러냈다. 그리고 학자의 외피를 쓴 정치 행위의 결과물을 남겼다."

정혜경이 쓴 한겨레 신문 기고문(2019. 8)의 일부이다.

역사학은 다양하고 풍부한 근거와 의견제시를 통해 객관성을 추구하는 학문이다. 유발 하라리의 말을 빌린다면 "역사학자들이 과거를 연구하는 것은 그것을 반복하기 위해서가 아니라 해방되기 위해서"이다. 연구자들이 아무리 노력한다 해도 과거의 모습 그대로 구현할 수는 없다. 더구나 인간이 하는 일이므로 100% 주관성을 배제하기란 불가능하다. 그러므로 역사학자들은 기존 학설에 계속 의문을 제기하며 치열한 논증 과정을 거치는 것이다.

학문 외적 의도를 가진 정치 행위의 결과물이 대중의 관심을 받는 상황 속에서, 자기고민을 멈추지 않는 성실한 연구자로 살기 위해, 그리고 소박한 노력의 결과물을 통해 역사의 진지함을 사회와 나누기 위해 우리는 『반대를 론하다 – '반일종족주의'의 역사부정을 넘어』를 출간한다.

이 책은 늘 연구자들을 당당하게 만들어주는 도서출판 선인의 윤관백 대표와 편집실이 있기에 세상에 나올 수 있었다.

2019년 12월
집필진을 대신하여 정혜경이 쓰다

차례

**반反대를
론論하다** │ '반일종족주의'의
역사부정을 넘어

제1부

제도를 통해 본
일제 강제동원

1.
아시아태평양전쟁기
일본의 국가총동원체제와 동원시스템

정혜경

전쟁으로 달라진 세상, 일본의 국가총동원체제
일본의 국가총동원체제 – 무엇을 어떻게
고도의 동원 전략

■ 전쟁으로 달라진 세상, 일본의 국가총동원체제

상상할 수밖에 없는 80년 전 전쟁 시절

2019년 10월 9일 뉴스는 "터키군이 시리아 북동부 국경을 넘어 쿠르드족 민병대 인민수비대에 공격을 개시할 것"이라고 보도했습니다. 중동지역에서 전쟁이 일어날 모양입니다. 그러나 터키와 먼 한반도에 사는 우리에게 전쟁은 먼 나라 이야기입니다. 분단국가이기는 하지만 70년 가까이 전쟁을 경험하지 않다 보니 전선의 참상이나 전시하 민중의 삶은 상상에 머물 뿐입니다.

우리에게도 전쟁 시절이 있었습니다. 식민지시기에 조선 민중은 최초의 근대 전쟁을 경험했습니다. 전쟁을 위해 직장과 일상을 포기하고 군인이나 노무자·군무원이 되어 무기를 들거나 군수물자를 만들어야 했던 시절이었습니다. 배급제도 때문에 돈이 있어도 마음대로 물건을 사지 못하고, 부족한 배급물자에 궁핍했던 시절. 학생들도 학교 대신 근로작업장으로 가야 했던 시절. 거리마다 흘러나오는 군가를 들으며 탄광산이나 전선에 나간 가족을 잃고 애통해 하던 시절. 80여 년 전에 겪었던 일이었습니다.

너무 오래전 일이다 보니 이제는 영화나 드라마를 통해서만 알 수 있을 뿐입니다. 이런 시절은 평상시가 아니었습니다. 전시, 즉 전쟁 시절이었지요. 전쟁 시절을 평화 시절로 여기는 것은 대단한 착각입니다. 그런데도 평상시로 이해하는 사람들이 있습니다. 『반일종족주의』의 집필자들입니다.

게다가 80년 전 전쟁은 일본이 일으킨 전쟁이고, 아시아태평양 지역의 민중은 물론 식민지민이었던 조선인들이 동원되었던 전쟁입니다. 우리에게는 찬란한 승리의 역사가 아니라 피해의 역사입니다. 그래서 외면하고 싶기도 하지만 그렇다고 왜곡할 수는 없습니다. 찬란한 승리가 아닌 피해의 역사라 해도 엄연한 우리 역사이고, 현재 우리 사회의 토대이기 때문입니다. 엄혹한 과거 경험이 있었기에 지금 우리는 평화를 누리고 있습니다. 전쟁을 겪어야 했던 분들을 생각하며 잠시 그 시절로 가 보겠습니다.

조작과 모략으로 시작한 일본의 침략전쟁

전쟁이 일어났습니다. 1931년 9월 18일, 일본 관동군(만주에 주둔한 일본군)이 펑톈奉天(현재 선양瀋陽) 부근 류타오거우柳條溝에서 전쟁을 일으켰습니다. 만주사변이라 부르는 침략전쟁입니다.

이 전쟁은 '조작 만주철도 폭파사건'에서 출발했습니다. 당시 외무성은, '1931년 9월 18일 오후 10시경 누군가가 만주철도의 선로를 폭파하고 일본 수비대를 습격'했다고 발표했습니다. 관동군은 '누군가'가 중국군이라며 즉시 군사 행동을 개시했습니다.

그림 1 《동아일보》 1931년 9월 20일자 1면

　그렇다면 일본 외무성 발표는 사실이었을까요. 사실이 아니었습니다. 그 '누군가'는 중국군이 아니었습니다. 당시 선양에 있었던 모리지마森島 영사는 전쟁이 끝난 후 남긴 저서에서 '조작 사건'이었다고 밝혔습니다. "관동군 참모였던 이시와라 간지石原莞爾 중좌(중령에 해당)와 관동군 정보계 수장이었던 이타가키 세이시로板垣征四

郞대좌(대령에 해당)가 모략을 사용해 사건을 조작했다."

만주사변은 상부의 보고나 지시도 없이 일으킨 독단적 행동이었습니다. 명령체계가 목숨같이 중요한 군에서 이들의 독단 행위는 항명이었고 국제적으로도 큰 문제를 일으켰습니다. 그러나 이시와라 간지는 처벌은커녕 승진을 거듭해 우익 청년 장교들의 우상이 되었습니다.

9월 18일 전쟁을 일으키자마자 관동군은 5일 만에 랴오둥遼東·지린吉林성을 점령하는 등 파죽지세로 밀고 나갔습니다. 9월 21일에는 독단적으로 조선 북부에 있던 조선군(조선에 주둔한 일본군)까지 파견했습니다. 관동군의 도발에 내각은 당황했으나 총리는 애매한 태도를 취하며 확전을 막지 않았고, 22일, 쇼와昭和 천황은 조선군 파견을 추인하며, "이번에는 어쩔 수 없으나 앞으로 주의하라"고 분부했습니다. 육군 대원수인 천황 자신도 모르게 일으킨 관동군 장교들의 독단 행동을 용인한 것입니다. 그리고 1932년 1월 8일 "짐은 깊이 그 충렬을 가상히 여긴"다는 칙어를 내려 관동군 장병에게 영예를 부여했습니다. 15년에 걸친 아시아태평양전쟁(1931~1945)은 이렇게 일어났습니다.

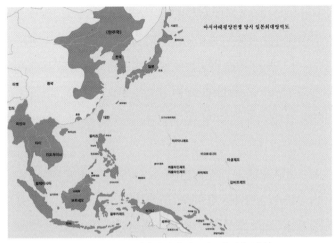

그림 2 아시아태평양전쟁 당시 일본제국의 최대 영역도
(국무총리 소속 일제강점하강제동원피해진상규명위원회, 『강제동원명부해제집』1, 2009)

만주를 차지한 일본 군부는 만족하지 않고 중국 본토를 넘보기 시작했습니다. 이시와라는 중일전쟁으로의 확전을 반대했습니다. 그는 1937년 당시 일본의 국력 수준으로 볼 때 전선의 확대는 잃을 것이 많다고 생각했습니다. 만주와 국경을 맞대고 있는 소련이 쳐들어오는 날에는 만주마저 잃을 수 있었고, 중국과 전쟁하기에는 병력이 턱없이 부족했습니다. 그렇다고 식민지 청년들에게 무기를 주며 전쟁할 수 없다고 생각했습니다. 그들이 쥔 총과 칼이 일본으로 향할 것을 염려했기 때문입니다.

그러나 후배들은 만주침략이라는 독단 행동을 일으켜 출세한 이시와라 선배가 부럽기도 했고, 중국침략의 길이 일본의 경제적

자립을 위해 반드시 가야 할 길이라 생각했습니다. 일본군은 1937년 중일전쟁을 일으켰고, 상하이上海를 거쳐 난징南京을 넘어 계속 쳐들어갔습니다. 일본 민중들은 열렬한 지지와 성원으로 답했습니다. 거리에 나가 열광하며 전쟁을 독려했습니다. 일본군이 난징에서 중국 민중을 수십만 명씩 도륙할 때 만세를 부르며 환호했습니다.

이렇게 중일전쟁이 일어난 후 세상은 달라졌습니다. 중국 전선에서 벌어지는 전쟁은 중국에서 일본의 국가체제를 바꾸어놓았습니다. 중국 전선만이 아니라 일본도 평시가 아닌 전시를 맞았습니다.

당시 일본은 수년에 걸친 장기전을 치를 만한 국력을 갖추지 못했습니다. 인구도 적었고 물자나 자금, 석유도 부족했습니다. 이전에 일본이 승리를 경험한 청일전쟁과 러일전쟁은 모두 단기전이었습니다. 기습을 통한 기선 제압 전략이 먹힌 것입니다. 제1차 세계대전 당시 일본이 독일령을 공략할 때도 마찬가지였습니다.

그러나 중일전쟁은 달랐습니다. 개전 초기에 육군은 전쟁을 3개월 만에 끝낸다며 호언장담했으나 끝날 기미는 보이지 않았습니다. 그야말로 전시戰時의 한복판에 들어서서 빠져나올 수 없게 된 것입니다. 더구나 중국 국민당과 공산당이 국공합작을 한 후 대일항전에 나서자 일본이 상대해야 할 적은 급속히 늘어났습니다. 일본군이 1938년 10월, 한커우漢口·우창武昌·칸요漢陽 등 우한武漢 3

진을 점령하고, 1939년 2월 중국 남부 하이난도海南島를 차지한 후 전선은 정지 상태가 되었습니다. 일본군의 승전보는 사라졌습니다.

또한 일본군은 갑자기 넓어진 전선을 감당하기 힘들었고, 중국 내륙까지 물자와 무기를 공급하기도 버거웠습니다. 병사들의 절반은 식량이 없어서 굶어 죽었습니다. 그렇다고 중국 전선을 포기할 수도 없었습니다. 미국과 영국·중국 등이 연일 목소리를 높이며 일본을 향해 중국과 만주에서 나가라고 하는 판에 철군이라도 했다가는 어렵게 차지한 만주마저 지키기 어려웠기 때문입니다. 울며 겨자 먹기로 장기전을 버티려니 모든 제국 일본 영역의 민중과 물자, 자금을 전쟁에 동원해야 했습니다. 그래서 탄생한 것이 국가총동원법에 근거한 일본의 국가총동원체제입니다.

국가총동원체제를 만들라

일본의 국가총동원체제는 제1차 세계대전에서 얻은 잘못된 교훈에서 출발했습니다. 제1차 세계대전을 통해 민간인을 포함해 약 천만 명이 목숨을 잃었습니다. 제1차 세계대전이 인류에 남긴 교훈은 전쟁 방지와 평화를 위한 노력이었으나 인류는 교훈을 얻지 못했기에 제2차 세계대전이 일어났지요. 일본도 마찬가지였습니다. 제1차 세계대전을 통해 자국과 식민지 등 제국의 모든 인력과

물자, 자금을 총동원하는 '총력전' 사상을 접했습니다.

총력전 사상이란, 제1차 세계대전 후 세계적으로 확산한 근대 전쟁관입니다. 제1차 세계대전 말기 프랑스가 총력전guerre totale 용어를 사용한 후 1935년 독일에서 『총력전』을 출판했고, 1937년에 영국에서도 'total war'를 사용했습니다.

제1차 세계대전을 통해 총력전 개념이 출현하게 된 것은 이전과 다른 전쟁 상황 때문이었습니다. 이전에는 병사들끼리 전투가 중심이었으므로 병사의 질과 양이 전쟁의 승패를 결정하는 가장 중요한 요소였습니다. 참호를 파고 들어가서 전투하는 진지전陣地戰이 중심이었습니다. 그러나 제1차 세계대전을 통해 대형 폭탄과 기관총·전차 등 대량 살육 무기가 발달함에 따라 전투원들의 희생은 폭발적으로 늘었고, 많은 탄약과 연료가 필요했습니다.

이제 전쟁은 국력의 문제가 되었습니다. 비행기와 탱크 등 우수한 무기를 대량 생산할 기술력과 연료, 자금이 필요했습니다. 외교력도 뛰어나야 했고, 자국민들이 전쟁을 감수할 의지도 있어야 했습니다. 국민들은 전쟁 승리를 위해 내핍 생활을 감수해야 하고, 군수공장에서 일해야 하는 현실을 받아들여야 했습니다. 쉽지 않은 일이었습니다. 그러므로 각국은 다양한 방법으로 국민을 설득했습니다. 프로파간다와 같은 선전과 홍보도 필요했습니다. 이같이 제1차 세계대전 이후의 전쟁은 군사, 정치, 경제, 사상, 문화 등 국력을 뒷받침한 국가의 총력이 필요한 시기가 되었습니다.

제1차 세계대전 참전을 통해 새로운 전쟁의 양상을 확인한 일본 군부는 총동원체제 만들기에 뛰어들었습니다. 1918년 12월 육군 임시군사조사위원회 제2반은 '국가총동원'의 개념을 담은 문서(전 제국의 육군에 대하여)를 만들었습니다. 처음으로 국가총동원이 국민동원과 공업동원을 포함한다고 명시한 문서입니다. 전쟁이 병사들만의 문제가 아니라는 점을 명확히 했습니다.

1918년 4월, 내각은 군수공업동원법을 제정하고, 6월 1일, 군수국을 신설해 업무를 담당하도록 했습니다. 군수공업동원법이란 총력전 수행을 위해 평상시부터 전 국가의 자원을 조사하고 전쟁이 일어났을 때 보급 계획을 세울 수 있는 법이었습니다. 1919년 12월에는 군수조사령을 제정하고 '조선과 타이완'을 대상 지역에 포함했습니다.

일본의 총동원체제 만들기는 아시아 침략을 통해 속도를 냈습니다. 물론 1932년 관동군이 괴뢰정부인 만주국을 세운 후 만주에서 전면전이 없었으므로 굳이 총동원체제를 실시할 필요가 없었습니다. 그러다가 1937년 중일전쟁을 일으킨 후, 1938년 4월 국가총동원법을 제정해 국가총동원체제를 확립했습니다. 국가총동원체제는 일본 본토와 남사할린, 만주국, 식민지(조선과 타이완), 점령지(남양군도, 중국 관동주) 등 모든 제국 일본의 영역에 적용했습니다.

민중의 삶을 얽어맨 일본의 국가총동원체제

국가총동원법은 만주에서 먼저 탄생했는데, 배경에는 도조 히데키東條英機가 있었습니다. 1937년 3월 관동군 참모장으로 만주에 부임한 도조 중장은 중일전쟁이 일어나자 전선을 확대해나갔습니다. 1938년 전선을 쉬저우徐州, 광둥廣東 등으로 확대하면서 더욱 많은 병력과 전비戰費가 필요했습니다. 당시 만주국을 실질적으로 지배하고 있던 관동군과 일본인 관료들은 원활한 전쟁 수행을 위해 1938년 2월 만주국 의회를 통해 국가총동원법을 제정했습니다.

만주국의 국가총동원법 제정은 일본과 식민지·점령지를 대상으로 하는 국가총동원체제 확립의 물꼬가 되었습니다. 만주국에서 법령을 제정한 군부는 여세를 몰아 일본의 국가총동원법 제정에 나섰습니다. 이들은 만주가 이미 전시체제로 이행했는데 일본 본토에서 국가총동원법을 통과시키지 못하는 상황을 한심하게 여기고 압박했습니다. 일본의 재계와 정계는 '헌법 위반'이라는 이유로 법안에 반대했으나 육군의 강력한 압박에 버티지 못했습니다. 당시 의회에서 법안 설명에 나선 군무국軍務局 국내과장은 반대하는 의원들을 향해 "조용히 하라"고 호통을 쳤습니다. 당시 분위기를 짐작할 수 있겠지요.

이런 분위기에서 탄생한 국가총동원법은 국가총동원체제를 운영하는 근거법입니다. 국가총동원법에서 규정한 국가총동원은 "전시(전쟁에 준하는 사변의 경우를 포함)에 국방 목적 달성을 위해 국가의 전력戰力을 유효하게 발휘할 수 있도록 인적 물적 자원을 통제 운용하는 것"이었습니다.

그렇다면 누구를 동원할 것인가. 동원 대상은 '제국 신민, 제국 법인, 기타 단체'였습니다. 조선인이 빠질 리 없었습니다. 친절하게도 국가총동원법은 법조문에 '일본과 조선, 대만, 남양청, 관동청'이라고 구체적으로 적었습니다. 일본 국가권력이 이러한 시스템을 갖춘 상태에서 일본과 식민지, 점령지의 민중들은 거부할 수 없었습니다. 거부할 경우, 기다리는 것은 감옥이나 엄청난 금액의 벌금이었습니다. 국가총동원법 제 33조에 명령에 불복不服 또는 기피할 경우는 "3년 이하의 징역 또는 5천원 이하의 벌금" 규정이 있었기 때문입니다.

이같이 제국 일본의 영역에 있는 모든 사람과 물자, 자금, 그리고 신민들의 정신까지 통제하고 계획에 따라 체계적으로 동원하는 시스템. 1938년 4월부터 1945년 8월까지 '제국 신민'들이 벗어날 수 없었던 시스템이었습니다. 일본이 중국과 미국·연합국을 적으로 돌리고 전쟁하던 시절이었습니다. 이런 시절에 무슨 선택권이 있었단 말인가요. 국가권력에 맞서 개인이 무엇을 할 수 있었겠습니까.

■ 일본의 국가총동원체제 – 무엇을 어떻게

제국 모든 영역에 적용한 인력·물자·자금동원

아시아태평양전쟁은 만주침략(1931년)과 중일전쟁(1937년), 태평양전쟁(1941년)으로 이어진 침략전쟁입니다. 중국 전선이 교착상태에 빠진 후 일본은 일본 본토와 식민지 및 점령지 등 당시 일본이 점유한 모든 지역을 대상으로 다수의 인적, 물적 자원과 자금을 동원했습니다. 강제동원입니다.

강제동원은 전시동원이며, 근거는 국가총동원법이었습니다. 국가총동원법(법률 제55호. 1938.4. 공포. 1938.5.시행)은 전쟁 수행을 위해 총동원을 규정한 전시수권법(전문 50개조, 부칙 4개항)입니다. 국가총동원법이 규정한 총동원 업무는 범위가 매우 광범위했습니다. ① 총동원물자의 생산·수리·배급·수출·수입·보관에 관한 업무 ② 필요한 운수·통신업무 ③ 필요한 금융업무 ④ 필요한 위생·가축위생·구호업무 ⑤ 필요한 교육·훈련업무 ⑥ 필요한 시험·연구업무 ⑦ 필요한 정보·계발·선전업무 ⑧ 필요한 경비업무 ⑨ 기타 칙령이 지정하는 필요한 업무 등입니다.

국가총동원 체제는 국가총동원법을 모법으로 각종 통제법령을 통해 본격적으로 효력을 발휘했습니다. 국가총동원법은 법조문 자체만으로 구체적인 내용을 확정하기 어렵게 되어 있었으므로 하위 법률을 제정했습니다. 관계 법령은 일본에서 마련하고, 조선에서도 시행·적용했습니다. 대표적 사례를 보면, 국민징용령 시행(국가총동원법 제4조 적용), 국민근로보국협력령 시행(제5조 적용), 선원징용령·의료관계자징용령·국민근로동원령 시행(제4조, 제6조 적용) 등이 있습니다.

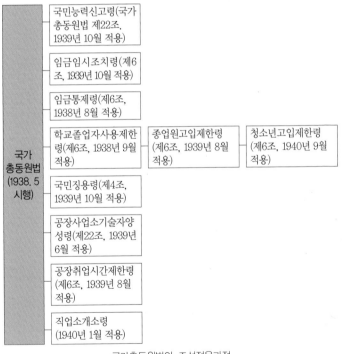

국가총동원법의 조선적용과정

국가총동원법을 모법으로 제정한 법령은 총 800건이 넘는데, 하위 법령은 칙령勅令과 각령閣令, 성령省令, 고시告示 등의 형식으로 탄생했습니다.

〈표 1〉 국가총동원체제 운영을 위해 제정한 법령 862건(제정과 개정 포함)

종류	건수	종류	건수
각령	3	육해군성달	1
각령, 대장, 육군, 체신, 철도, 후생성령	1	육해달	1
교통국고시	1	제령(조선 공포 47건 포함)	91
군령	1	조선총독부고시	5
내무, 육군해군체신성령	1	조선총독부령	255
내무·후생성차관 명의의 의명(依命)통첩	2	조선총독부훈령	18
농림성고시	1	체신성고시	4
농림성령	7	체신성령	10
대장성령	1	칙령(조선 공포 64건 포함)	228
만주국 국무원훈령, 민생부훈령	1	통첩	12
만주국 칙령	5	해군성령	3
만주국 흥농부 훈령	1	후생, 군수성령	1
법률	87	후생성 통첩	2
상공성령	7	후생성고시	16
육군성령	18	후생성령	67
육군해군성령	4	후생성훈령	5
육령	1	후생차관통첩	1

어떻게 동원했는가

전시 강제동원은 몇몇 사람들이 암암리에 한 일이 아니라 일본 국가권력이 정책적·조직적·집단적·폭력적·계획적으로 수행한 공식 업무였습니다. 당국은 행정체계를 갖추고 조직적으로 동원했고, 동원 대상에는 조선과 조선인이 있었습니다. 그러므로 조선인 동원과 관련한 강제성 문제는 논란할 필요가 없습니다. 그런데도 일본 정부와 정치가들, 그리고 『반일종족주의』 집필자 등 역사부정론자들은 당시 당국이 공표했던 법과 제도마저 부정하며 논란을 일으키고 있습니다.

이들이 제기하는 논란의 핵심은 크게 두 가지입니다. 하나는 당시 조선은 식민지였으므로 '식민지민인 조선인이 식민 모국인 일본의 전쟁을 지원'하는 것은 당연하다는 주장입니다. 1910년 일본의 강제병합이 합법적인 행위라는 것입니다. 또 다른 하나는 피해자들은 대부분 '자기 발로 걸어갔는데 무슨 강제'냐는, 즉 자발적이므로 강제가 아니라는 주장입니다.

물론 납치당하듯 끌려간 사람은 많았습니다. 그러나 나오라는 날짜에 맞추어 자기 발로 집을 떠난 사람도 많았습니다. 피할 방법이 없어서, 속아서 그랬습니다.

이런데도 강제동원인가요? 그렇습니다. 전시에 강제로 동원된 사람들입니다. 한국 현행법(대일항쟁기 강제동원피해조사 및 국외 강제동원희생자 등 지원에 관한 특별법)에서, 그리고 한국과 일본의 학계에서도, 일본 변호사협회에서도 그렇게 규정했고, 결정했습니다.

한국과 일본 학계에서 규정한 강제성이란, "신체적인 구속이나 협박은 물론, 황민화 교육에 따른 정신적 구속 회유, 설득, 본인의 임의결정, 취업 사기, 법적 강제에 의한 동원"입니다. 또한 2002년 일본변호사협회는 "강제란 육체적 정신적 강제를 포함하며, 이 개념은 19세기 말에 국제적으로, 20세기 초에 일본 국내적으로 확립"되었다는 내용의 조사보고서를 발표했습니다. 학자나 변호사들만의 생각이 아닙니다. 일본 정부도 공식적으로 인정했으니까요.

징용이 아니면 강제성이 없다고?

"… 1940년대 일부 지역에서 그들의 의지에 반하여 가혹한 조건 아래에서 일하도록 강요당한 많은 한국인과 다른 사람들이 있었고, 제2차 세계대전 동안 일본 정부 또한 요구 정책을 시행했습니다. … (More specifically, Japan is prepared to take measures that allow an understanding that there were a large number of Koreans and others who were brought against their will and forced to work under harsh conditions in the 1940s at some of the sites, and that, during World War II, the Government of Japan also implemented its policy of requisition.)"

사토 구니佐藤地 주 유네스코 일본대사가 2015년 7월 5일, 독일본에서 열린 제39회 세계유산위원회에서 한 공식 발언입니다. 사토 대사는 일본이 신청한 '메이지 일본의 산업혁명유산, 제철·제강·조선·석탄산업' 등재 대상 23개 시설 가운데 7개소 5개 작업장이 강제동원 피해 관련 장소라는 점을 인정하고 '적절한 조치'를 약속했습니다. 5개 작업장은 미쓰비시광업(다카시마 탄광, 하시마 탄광)과 미쓰비시 나가사키 조선소, 미쓰이 미이케탄광, 일본제철 야하타제철소입니다.

사토 대사의 발언은 일본 정부의 공식 입장이므로 일본 정부가 국제기구에서 한 최초의 강제성 인정입니다. 가해국인 일본이 공식적으로 밝힌 입장이므로 논란이 필요없습니다. 그런데도 『반일 종족주의』 필자들을 비롯한 역사부정론자들은 '징용 외에는' 강제동원이 아니라고 주장하고 있습니다. 이 부분에 대해서는 제2부에서 자세히 언급하므로 제1부에서는 기본 틀을 이해하면 좋겠네요.

2015년 5월, 위원회(국무총리 소속 대일항쟁기 강제동원피해 및 국외강제동원희생자 등 지원위원회, 이하 위원회)는 5개 작업장에 동원된 피해 확정자가 1,515명이라고 발표했습니다. 위원회가 15개월간 접수한 피해신고 결과이며 총 피해자의 3% 정도가 신고한 결과이므로 신고하지 않은 피해자를 포함하면 더 많을 것입니다. 이들은 징용과 모집, 관알선이라는 세 가지 경로를 통해 동원되었습니다. '경로經路'는 당시에 당국이 사용한 용어입니다. 동원되는 과정을 의미하는 말이지요.

『반일종족주의』의 주장에 따르면, 징용만 강제동원으로 인정해야 합니다. 그런데 일본은 구분하지 않고 '한국인과 다른 사람들'의 강제성을 인정했습니다. 왜 그랬을까요. 이 세 가지 동원 경로(징용, 모집, 관알선)는 모두 국가총동원체제 아래 운용한 동원시스템이었기 때문입니다.

노무동원의 세 가지 경로

세 가지 동원 경로는 공통 사항이 있습니다. '조선인을 고용하고자 하는 고용주(일본기업)가 신청한 인원수를 일본 정부가 조정해 배당하고, 조선총독부와 조정하여 확정'하는 것입니다. 모두 공권력에 의해 이루어졌습니다. 일본 정부 부처, 조선총독부, 남양청 등 통치기관이 담당했습니다.

조선총독부도 법령과 예규 등 각종 규정을 마련하고 업무를 담당하는 행정부서를 설치해 운영했습니다. 행정부서는 처음에 내무국 사회과 노무계에서 출발해 일본 패전 당시에는 광공국 동원과·광공국 근로부 근로제1과·광공국 근로부 근로제2과 등 3개 과로 늘었습니다.

내무국 사회과 노무계(1939) → 내무국 노무과(1941) → 후생국 노무과(1941) → 사정국 노무과(1942) → 광공국 노무과(1943) → 광공국 근로조정과·광공국 근로동원과·광공국 근로지도과·근로동원본부(1944) → 광공국 근로부 조정과·광공국 근로부 동원과·광공국 근로부 지도과(1945) → 광공국 동원과·광공국 근로부 근로제1과·광공국 근로부 근로제2과(1945)

부록에 수록한 동원 규모(위원회)를 보면, 징용은 526,041명이고, 모집과 관알선이 7,008,388명입니다. 당시에 한 사람이 여러 번 동원되는 경우가 많았으므로 중복인원, 즉 연인원입니다.

세 가지 동원 경로의 내용을 살펴보겠습니다.

첫째, 징용(1939.10~1945.4)이란 '국민징용령' 및 '국민직업능력신고령'에 따라 등록한 자 중에 선정하여 징용영장(징용영서)을 발령하고 교부한 후 데려가는 동원 방식입니다. 1944년에는 군수회사법에 따라 '군수 피징용'이라는 용어를 사용하기도 했습니다.

1939년 10월부터 1945년 4월 국민근로동원령 발효까지 조선인에게 적용되었습니다. 다만 초기에는 일본인이든 조선인이든 특수한 기술직이 대상이었으므로 규모가 적었습니다. 대규모로 동원한 것은 제3차 국민징용령 개정(1943년 7월 20일 공포, 8월 1일 시행, 조선과 대만, 남사할린, 남양군도에서는 9월 1일 시행)에 따른 1944년부터입니다. 그렇다고 조선인에게 징용이 1944년에 처음 적용되었다는 주장은 잘못된 생각입니다. 1944년은 대규모로 적용한 시기이지요.

징용이란 국가권력이 개인의 자유와 생활을 박탈해 특정 직장에서 일하게 하는 것입니다. 그러므로 징용이라는 수단은 국가의 책임을 수반하며 사무절차도 단순하지 않습니다. 국민징용령과 시행규칙을 보면, 절차가 매우 복잡합니다. 그러므로 일본 정부 입장에서는 군수물자를 생산하는 인력 확보라는 목적만 달성된다면, 징용보다 다른 수단이 더 편리했습니다. 그래서 주로 다른 방식으로 했습니다. 모집과 관알선입니다.

둘째, 모집(1938. 5~1945. 6)은 1910년대부터 조선에서 널리 사용하던 방법이었는데, 일본 전시체제기에 활용한 동원 방식입니다. 지원·연고·청부·직접모집 등 네 가지가 있었습니다. 일본기업이 파견한 모집원이 조선총독부가 할당한 지역에 가서 인솔하는 방식인데, 각종 통첩이나 국민근로협력령 등을 통해 시행했습니다. 조선총독부는 모집 대상지역을 가뭄 등 천재지변으로 피해를 입은 곳을 우선 지정했습니다. 행정당국은 서류심사에 기초한 인허가 업무를 담당했고 사업주가 모집을 실행하도록 했는데, 실제로는 지방행정기구의 직원이나 경관까지 나서야 했습니다.

일본지역으로 모집은 1939년 7월 28일자 내무성·후생성차관, 정책 통첩 '조선인 노무자 내지이주에 관한 건'을 근거로 9월부터 시작했습니다. 그러나 조선이나 만주, 남양군도, 남사할린 등은 이보다 빨랐습니다.

그런데 이 모집이라는 방식은 일본에는 없었습니다. 일본은 1938년 4월 1일 공포한 직업소개소법에 따라 국영 직업소개소를 통해 인력을 조달하도록 했기 때문입니다. 그에 비해 조선은 일본으로 데려갈 때에 직업소개소법이 없이 조선총독부 부령인 '노동자모집취체규칙'을 적용했습니다. 일본 당국자의 표현을 빌리자면 "조선 쪽에는 이렇다 할 노무기관, 노무통계 같은 것이 거의 없었기" 때문입니다. 그런데 이 '노동자모집취체규칙'은 1918년에 일본이 경제 호황을 누리던 시절에 조선인을 노동자로 데려가기 위해 만든 법령입니다. 조선인 상대의 사기행위 등을 방지하려는 목적이었는데 1920년대에는 유명무실한 법령이 되었습니다. 일본이 경기가 침체하면서 기업이 조선인들에게 대규모 취업을 권유할 필요가 없어졌기 때문입니다. 그런데 전쟁이 일어나고 나서 조선에서 법과 제도에 대한 준비가 부족하니 당국에서는 이런 낡은 법령을 가지고 노무동원을 시작한 것입니다.

1940년 1월에 조선에서 직업소개소령과 시행규칙을 시행했지만 법만 있었을 뿐 실제로 직업소개 업무를 하는 조직은 제대로 갖추지 못했습니다. 그래서 부읍면 등 지방행정조직이 인력을 동원했습니다. 노무자 인솔과 수송도 관할 경찰서의 몫이었습니다. 경찰이 직접 인솔한다는 의미이지요.

셋째, 관알선(1942.2~1945.6)은 1942년 2월 13일 일본 내각이 정한 각의결정 '조선인 노무자 활용에 관한 방책'을 근거로 7월부터 시행했습니다. 동원과 수송에 조선노무협회, 직업소개소 등을 활용했습니다. 그러나 여전히 직업소개소는 이름뿐이었기에 지방행정조직이 나서야 했습니다.

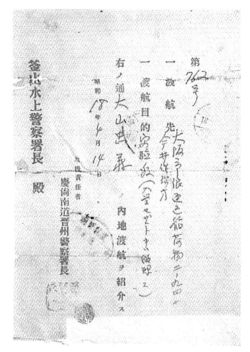

그림 3 노무자 수송을 위해 경남 진주경찰서가 발행한 도항증명서
(『재일한인역사자료관 도록 – 사진으로 보는 재일코리안 100년』, 明石書店, 2008)

이 세 가지 동원 경로의 차이는 사고나 사망에 대한 국가 책임 여부였습니다. 징용은 정부가 사고나 사망에 대한 책임을 지는 제도였으므로 현지 식량이나 수송 과정에 필요한 비용도 정부가 부담했습니다. 이에 비해 모집과 관알선은 사고나 사망에 대한 책임을 기업이 전담했고, 사망 부조금은 기업이 해결했습니다. 그런데 그 돈은 회사가 마련한 것이 아니었습니다. 노무자들을 각종 보험

에 가입시키고 월급에서 일괄 공제했습니다. 조금이라도 손해를 보지 않겠다는 심산이었습니다.

　그렇다면 왜 일본 당국은 굳이 세 가지 경로로 구분해서 노무자를 동원한 것일까요. 징용제도만을 채택하면 간단하겠지요. 그래서 1939년 7월 국민징용령을 제정했지만 징용제도를 전면적으로 시행할 수 없었기에 일부 기술직으로 제한했습니다. 그 이유를 살펴보도록 하겠습니다.

징용을 하려면 국민등록제도부터 마련해야 하는데

　일본 당국이 1939년 7월에 국민징용령을 제정하고도 즉각 전면적으로 징용을 실시하지 못한 첫 번째 이유는 국민등록제도를 마련하지 못했기 때문입니다. 징용제도를 실시하기 위해서는 국민등록제도를 갖추어야 하고, 그러려면 현재 거주지를 파악해야 합니다. 그런데 조선에서는 거주지 파악이 쉽지 않았습니다.

　일본은 1914년 기류법을 공포하고 기류제도를 통해 일본 본토에서 일본인의 거주지를 파악했습니다. 기류제도는 거주자의 이주 상황을 파악할 수 있는 '주민등록제도'입니다. 본적을 떠나 90일 이상 특정지역에 거주하는 자, 또는 본적이 없거나 불분명한 자의 거주·신분관계를 공부公簿에 기재하도록 하는 제도입니다. 병역·납세·선거 기타 여러 행정 목적을 위해 일정한 행정구역 내에서 인구동태를 밝히려는 것입니다.

그러나 일본에 살고 있던 조선인이나 한반도의 조선인에게는 기류제도를 적용하지 못했습니다. 조선인들에게 기류법을 적용한 것은 1942년 9월 26일 조선기류령을 공포하고 1943년 3월 1일에 만 20세 이상 남성을 대상으로 전국 일제조사를 실시하면서부터입니다. 그 이전에는 식민지민들의 소재를 파악할 수 없었지요.

조선인에게 기류제도를 적용하지 않아서 발생한 사례를 보겠습니다.

1942년 9월 21일 일본 해군은 해군 진수부 소속 직할 사업장에 필요한 토목건축 관련 노무자를 확보하기 위해 일본에 있던 조선인 총 17,188명에게 징용령을 발동했습니다. 군 징용이라고 합니다. 그런데 총 17,188명 가운데 9,818명만이 출두했습니다. 출두명령을 받은 조선인의 57%가 출두한 셈입니다. 왜 57%만 출두했을까요. 당국이 소재 파악을 하지 못해 출두명령서를 전달할 수 없었기 때문입니다. 또한 9,818명 가운데 실제로 징용에 응한 조선인은 4,293명에 그쳤습니다. 기류제도가 없다는 허점을 이용해 다른 지역으로 달아난 것이었습니다.

조선에서도 마찬가지였습니다. 당국이 국민등록을 하려고 해도 할 수가 없었습니다. 1939년 7월 23일자 조선총독부 기관지 《경성일보》 기사를 보면, 경성부에서 국민등록 접수를 시작했지만 "예상 목표치의 6분의 1에도 미치지 못하는 저조한 성적"을 거두었습니다.

또한 일본은 1941년 7월부터 국민노무수첩법을 시행했습니다. 국민노무수첩법은 노무의 배치상황을 명확히 하고 배치계획의 수립과 계획의 유효한 실시를 확보하는 기초를 확립할 목적으로 만든 통제법이었습니다. 국민노무수첩법을 실시해 노무자의 이동방지를 한층 강화하고자 했습니다.

그림 4 국민노무수첩(국무총리 소속 대일항쟁기 강제동원피해조사 및 국외 강제동원 희생자 등 지원위원회, 『조각난 그날의 기억』, 2012)

그러나 조선에서는 국민노무수첩법을 시행할 수 없었습니다. 사무적 절차를 수행할 능력이 마련되지 못했기 때문입니다. 이렇게 조선은 기류제도나 국민노무수첩법을 시행하지 못하고 있었습니다. 그러니 국민징용령을 곧바로 적용할 수 없었던 것이지요. 그렇다고 일본인도 처음부터 대규모로 징용한 것은 아닙니다. 이유가 있었기 때문입니다.

정부가 감당해야 하는 비용을 기업에게 일임한 모집과 관알선

바로 두 번째 이유인 비용 문제 때문이었습니다. 징용은 피징용자가 집을 나서는 순간부터 돌아올 때까지 모든 비용을 정부가 부담하도록 되어 있습니다. 작업 현장에서 사고가 일어나 부상을 당하거나 목숨을 잃으면 치료비와 사망 부조금도 모두 정부가 지급해야 했습니다. 가장이 징용을 당해 필요한 가족들의 생활비도 정부가 주도록 규정했습니다. '원호제도'라는 것을 통해서 하도록 했습니다. 그런데 이 모든 비용을 감당하기에는 일본의 국가 예산이 턱없이 부족했습니다. 그래서 처음에는 기업에 일임하는 방식을 택했습니다. 기업이 필요한 노무자를 충원해서 수송하고 그 과정에서 발생하는 비용은 기업이 먼저 부담하도록 하는 것입니다. 노동현장에서 사망자 부조금도 기업이 내도록 했습니다. 조선인에게는 모집과 관알선이라는 방식을 적용했습니다.

그렇다면 기업은 비용을 부담하고 노무자를 데려와서 얼마나 이득을 얻을 수 있었을까요. 기업이 얻은 이득은 컸습니다. 일단 데려온 노무자들을 통해 생산한 물품에 대해 일본 정부는 높은 가격으로 사주었습니다. 우선 수매 방식입니다. 그리고 노무자의 착취를 방임했습니다. 기업이 노무자를 부려 생산량을 높이면 정부에서 받는 돈이 더 늘어났으므로 기업 이득이 커지니까 당연히 착취하게 되겠지요. 임금도 기업 마음대로 주었습니다. 그럴까 봐 1939년 7월에는 임금통제령도 만들었습니다. '최소한 이 정도는 주어라'는 하한선을 정한 법입니다. 물론 잘 지키지 않았지요.

또한 기업은 노무자들을 데려오느라 들인 비용을 뽑기 위해 각종 명목으로 임금을 공제했습니다. 고향에서 일본의 탄광까지 오는데 들어간 교통비와 숙박비, 부산에서 연락선을 탈 때 입힌 국민복값은 모두 노무자의 임금에서 공제했습니다. 기업의 모집인이 경성에서 묵었던 여관의 숙박비와 조선총독부 관리들에게 쓴 접대비도 조선인 노무자가 물도록 했습니다. 물론 사전에 알려주지 않았지요.

발신전보라는 문서가 있습니다. 스미토모住友광업(주) 소속 고노마이鴻之舞광업소 소속 모집인들이 경성의 여관방에 앉아 회사에 보낸 전보 뭉치입니다. 일본에서 자료집으로 출간해서 누구나 볼 수 있습니다. 발신전보에는 광업소가 조선에서 노무자를 데려오기 위해 들인 비용이 적혀 있습니다. 1941년 12월 21일 242명을 데려오는데 들어간 접대비용은 "8,300엔"이나 되었습니다.

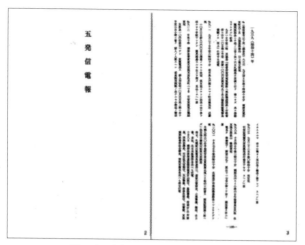

그림 5 자료집에 수록한 발신전보 자료 중 일부

그림 6 탄광산에서 허리에 차고 다닌 칸델라(『조각난 그날의 기억』)

탄광에 필요한 곡괭이나 칸델라 등도 장비사용료라는 이름으로 공제했고, 형편없는 숙소와 식사도 모두 노무자가 부담했습니다. 노무자가 먹은 약값도 월급에서 꼬박꼬박 빼갔습니다. 별의별 이름의 보험료도 내야 했고, 주민세도 내야 했습니다. 이러저러한 것을 제하고 나면 수중에 남는 것은 많지 않았습니다. 실제 사례는 제2부에서 다시 설명하겠습니다.

가혹한 노동조건과 사고로 사망자가 속출했습니다. 처음에는 고향으로 유골도 보내주고, 직접 회사 직원이 사망부조금을 들고 조문을 하기도 했으나 오래가지 않았습니다. 매달 받는 돈이 너무 적어 고향에 송금도 하지 못하게 되었습니다. 그러다 보니 노무자들의 불만이 높아졌지요. 돈을 벌 수 있게 해준다는 말에 속아서 온 노무자들의 불만이 조선에도 널리 알려지자 모집하기 어렵게 되었습니다. 이장의 말을 거스를 수 없어 모집에 응하기는 해도 부산항에 도착하기 전에 다수가 탈출해버렸습니다. 1939년에 5.2% 였던 탈출자가 1940년에는 37.2%로 늘었습니다. 그래서 만든 제도가 관알선입니다. 수송 과정에서 탈출을 방지하고 대량수송문제를 개선하기 위해 만들었으므로 동원 대상자를 대隊-반班-조組 등 군대식으로 조직해서 수송했습니다. 이러한 노력에도 탈출은 오히려 늘어나 1943년에는 40%가 되었습니다.

관알선도 수송방식만 다를 뿐, 작업 현장에서 기업의 행태는 전혀 달라지지 않았습니다. 여전히 여러 명목으로 임금을 공제하고 송금을 하지 못하게 하는 것이지요. 전황이 기울어가는 마당에 생산성을 높이고 민중의 불만을 잠재우기 위해서는 기업에만 미룰

수 없었습니다. 정부가 책임지는 모습을 보여주어야 했습니다. 그래서 할 수 없이 징용제도를 확대하게 되었습니다. 물론 제도만 적용했을 뿐, 원호제도는 시행하지 않았습니다.

이러한 두 가지 이유로 일본 당국은 1944년까지 조선에 징용제도를 전면적으로 적용할 수 없었습니다. 그리고 기업이 이득을 위해 노무자를 착취하는 것을 방임했습니다. 그런데 『반일종족주의』는 "모집과 관알선은 법률적 강제성이 없었"(69쪽)고, "조선인 노무동원을 전체적으로 볼 때, 기본적으로는 자발적이었고 강제적인 것이 아니었다"(70쪽)고 주장합니다. 동원시스템에 대한 이해가 부족한 까닭입니다. 이 점에 대해서는 제2부에서 상세하게 설명하겠습니다.

■■ 고도의 동원 전략

동원시스템에서 중요한 것은 동원의 효율성을 높이는 일입니다. 효율성을 높이기 위해서는 속이거나 어쩔 수 없는 상황을 이용하는 방법이 최고입니다. 억지로 끌고 가는 것 보다 속여서 데려가는 방법이지요. 억지로 끌고 가려면 많은 행정 인력이 필요한데 일단 인력이 부족했고 효과도 없었습니다. 행여 안 가겠다고 소리라도 지르면 인심만 나빠져서 조선인들이 반발할 수 있지만 자기 발로 가도록 하면, 반발도 없겠지요. 그래서 '모집'이나 '지원'이라는 단어를 사용했습니다. 이 방법은 일본만이 아니라 독일도 이탈리아도 사용했습니다. 다들 volunteer라고 했습니다. 몇몇 동원 사례를 통해 다양한 동원시스템을 살펴보겠습니다.

물론 길거리에서 납치도 했습니다

1928년 강원도 고성군에서 태어난 용암은 중학교 입시 준비를 하고 있었습니다. 1943년 11월, 장전 바다에서 배를 타던 아버지 심부름으로 속초에 밧줄과 어망 등을 사러 갔습니다. 속초역 앞을 지나는데, 모여 있던 경찰 중 한 사람이 불러 세웠습니다.

소년을 위아래로 훑어보던 경찰은 몇 살이냐고 묻더니 잠깐 따라오라고 하며 여관으로 데려갔습니다. 어린 나이에 어른이, 더구나 경찰이 가자는데, 내뺄 도리가 없었습니다. 여관 마당에 들어서니 사람들이 마당에 옹기종기했습니다. 소년을 데려간 경찰은 다른 사람들과 이야기를 하더니 방으로 들어가라 했습니다. 아버지가 기다리시니 집에 가야 한다고 사정하자 엉덩이를 차며 방에 집어넣었습니다. 방에는 20대 초반이나 30대 정도의 어른들이 여섯 일곱 명 정도 있었습니다. 이들은 소년에게 어떻게 왔냐고 묻더니 "너도 걸렸구나!" 했습니다. 어리둥절한 소년에게 어른들이 설명해주었습니다. 세 사람은 영장을 받고 나왔고, 나머지는 납치당했다고.

그렇게 여관방에 갇혀 시간을 보낸 후 다음날 오후 일행 모두 속초역에 가서 다른 사람들과 합류했습니다. 기차 앞에서 소년은 아버지에게 가야 한다며 안 타려고 버티다가 경찰에게 흠씬 두들겨 맞은 후 기차에 실려 부산으로 갔습니다. 오십 명 정도 되는 일행은 새로운 인솔자에 이끌려 연락선을 타고 바다를 건넜습니다. 시모노세키下關에 도착해 기차를 타고, 하루를 지나 아오모리青森에 가서 다시 배를 타고 홋카이도北海道에 도착했지만 끝이 아니었습니다. 삿포로札幌 여관에서 하룻밤을 보낸 후 배를 타고 바다를 세 번이나 건너서 도착한 곳은 당시 일본이 화태라 부르던 남사할린 탄광이었습니다.

소년이었던 용암이 노인이 되어 직접 했던 이야기입니다. 그렇다면 납치적 방법의 연행은 단지 피해자들의 이야기로만 남아있을까요. 아닙니다. 일본 당국 측의 자료가 있습니다. 있을 정도가 아니라 많이 있습니다. 몇 가지만 소개해보겠습니다.

1944년 6월, 일본에서 식민지 행정을 관할하던 내무성 관리국은 조선의 민정 동향 및 지방행정 현황을 조사하기 위해 직원을 조선에 출장 보냈습니다. 조선에서 납치 방식으로 동원하거나 무리한 노무관리로 인해 탈출자가 증가하고 동원 업무가 원활하지 않다고 판단했기 때문입니다. 조선에 출장 다녀온 직원은 1944년 7월에 출장복명서를 제출했는데, 거기에는 '조선인을 인질처럼 약탈, 납치'하고 있다고 적혀 있었습니다. 그렇게 하지 않으면 다 도망쳐버리기 때문이라면서요.

> "그 밖의 어떤 방식을 통하더라도 출동은 오로지 납치와 같은 상태이다. 그 이유는 만일 사전에 동원 사실을 알리면 모두 도망쳐버리기 때문이며, 그래서 야습, 유인, 기타 각종 방책을 강구해 인질처럼 약탈, 납치하는 사례가 많아진다."

그뿐 아닙니다. 1943년 11월, 조선총독부 관료와 기업 간부 등이 참석한 가운데 도요게이자이신포사東洋經濟申報社가 주최한 좌담회가 열렸습니다. 이 자리에서 조선총독부 후생국 노무과에 근무하던 다하라 미노루田原実는 "노무자를 모으는 작업이 매우 빈약해서 하는 수 없이 반강제적으로 하고 있다"며 노무공출의 애로사항을 털어놓았습니다. 그리고는 "그렇다고 해도 지금 당장은 징용도 할 수 없는 사정이기 때문에 반강제적인 공출은 앞으로도 더욱 강화해 나가야 한다고 생각"한다고 의지를 밝혔습니다. 계속 납치적 방법을 사용하겠다는 것이지요.

조선총독부에서 재무국장을 지낸 미즈타 나오마사水田直昌도 1954년 3월에 과거를 회상하며 "트럭을 몰고 순사를 동반해 시골에서 잡아채오는 일"이 있었다고 발언했습니다. 가마타 사와이치로鎌田澤一郎의 책『조선 신화新話』(1950년 출간)에는 "역시 조선의 노무동원은 잠든 때를 노려서 습격하거나 밭에서 일하고 있는 사람을 트럭에 태우거나 해서 일본 내지의 탄광으로 보내는 방식"이라는 구절이 있습니다. 그는 조선에서 익찬단체 간부로 일했습니다.

자 그러면 정리를 해볼까요. 일본 당국 측 자료에 나타나는 단어는 '습격' '납치' '반강제적 공출' '약탈'입니다. 납치 방법도 '잠든 때를 노리'거나 '순사를 동반해 시골에서 잡아채'서 일본 탄광으로 보냈다고 구체적으로 밝히고 있습니다. 이런데도 납치적 방법은 절대 없었다고 주장하는 사람이 있다면, 이해력이나 판단력 부족한 사람이겠지요. 바로『반일종족주의』필자들입니다.

속이고 으름장을 놓고

그렇다고 모두 납치적 방법만 사용한 것은 아닙니다. 당국 입장에서 보면, 억지로 끌고 가기 보다 속여서 데려가는 것이 효과적이었으니까요. 적은 행정 인력으로 많은 주민들을 통제하려면 강압적인 방법만으로는 불가능했습니다. 그래서 가능하면 속이거나 달래서 동원하려 했습니다.

1931년 전남 나주의 유복한 가정에서 태어난 혜옥은 1944년 3월, 나주 대정大正국민학교(현재 나주초등학교)를 졸업하고 여학교 입시 준비를 하던 중, 학교 측 제안을 듣고 나고야名古屋에 있는 ㈜미쓰비시중공업 공장에 가서 제로센零戰이라는 전투기 부품을 만들었습니다. 여학교에 보내준다는 속임수에 솔깃해서 아버지 몰래 결정한 일이었습니다. 어린 딸을 보내고 싶지 않은 아버지는 여수까지 따라와 눈물을 훔치며 말렸지만, 철없는 딸은 여학교로 간다며 신바람을 냈다고 합니다. 이런 소녀들은 한두 명이 아니었습니다. 도야마富山현 후지코시不二越강재(주)에도 도쿄 아사이토麻絲공장에도 있었습니다. 여자근로정신대 피해자라고 하는 사람들입니다.

그림 7 후지코시강재(주)에서 선반 기계를 다루는 소녀들

그림 8 미쓰비시중공업에 동원된 소녀들이 공장에 들어가기 전 아이치현청 앞에서 (『조각난 그날의 기억』)

　다른 지역으로 떠난 사람들도 속는 일이 허다했습니다. 조선 땅에 동원된 노무자 6,488,467명은 대부분 '일본 탄광이나 전쟁터로 가지 않는다'는 말에 순순히 나섰습니다. 열네 살 어린 나이부터 한반도와 일본에 다섯번이나 동원되었던 소년도 이 말에 속았습니다.

　1927년 전북 익산에서 태어난 월섭의 네 번째 작업 현장은 압록강이 가까운 강계의 수력발전소 공사장이었습니다. 수수대를 살짝 덮은 숙소 지붕은 뚫린 거나 마찬가지였습니다. 누우면 하늘의 별이 그대로 보이고, 비가 오면 비를 맞았습니다. 여름옷을 입고 떠났는데, 도착하고 얼마 안 있어 추위가 닥쳤습니다. 압록강이 꽝꽝 얼어붙고 서리가 내리는 추위에 이불도 없이 지냈습니다. 얼어 죽지 않으려 가마니 속에서 잤습니다. 고향에서 신고 간 신발이 다

떨어졌는데, 신발을 주지 않아서 한겨울에 양말도 없이 맨발에 짚신으로 버텼습니다. 그래도 일본 탄광에 안 가도 된다며 다행스럽게 여겼습니다. 1년 넘은 고생 끝에 어렵게 고향 집으로 돌아왔더니 돌아오자마자 면서기는 뻔뻔스럽게도 '이번에는 일본 탄광'이라며 데려갔습니다. 속았습니다.

"기차에서 노래도 부르고 재미있게" 갔다는 청년이 있었습니다. 1918년 경북 달성에서 태어나 공립보통학교를 졸업하고 자소작농 집안에서 '밥 굶지 않을 정도로 살았다'는 갑진은 20세 때 일본에 돈 벌러 갔다온 적이 있었습니다. 잠시 조선에 나왔다가 다시 일본에 가려니 면에서 도항증을 내주지 않았습니다. 도항증이 없으면 조선 땅을 벗어나는 배를 탈 수 없었습니다. 지금으로 따지면 여권 같은 것이었습니다.

기회만 있으면 일본에 가고 싶었던 갑진은 1941년 '일본 갈 사람 구한다'는 소식에 도항증을 구할 기회라 생각하고 신청했습니다. 모집자가 일본에 있는 미쓰비시유화주식회사라고 하니 탄광은 아니라며 안심했습니다. 흥겨운 마음으로 부산에서 출발했는데 배가 출항하자마자 인솔자가 말했습니다. '너희가 가는 곳은 화태의 탄광'이라고. 이 말 한마디에 청년들의 얼굴은 굳어졌습니다. 인솔자의 말대로 갑진이 도착한 곳은 남사할린에 있는 미쓰비시 소속 탄광이었습니다. 속았습니다.

이같이 처음에는 모르고 속아서 갔습니다. 그런데 차츰 좋지 않은 소식이 들리기 시작했습니다. 1939년에 모집 간 사람들이 고생한다는 소문에, 탄광에서 사망한 사람도 생겼습니다. 다들 가지 않으려고 몸을 사렸습니다. 그런데도 면서기는 장부를 들고 다니며 동네에서 사람을 추려냈습니다. 동네에서 제일 가난하고 농사지을 땅이 없는 사람들이었습니다. 쌀 공출을 낼 능력이 없으면 몸으로 공출하라고 했습니다.

그래도 안 가려고 갖은 핑계를 대기도 했습니다. 그러나 집안 어른인 이장의 시달림을 피할 수 없었습니다. 이번에 가지 않으면 다음에는 무시무시한 곳에 보내버린다거나 다른 가족이라도 데려간다는 으름장에 찍소리도 못하고 면서기가 오라는 날짜에 맞춰 집을 떠났습니다. 어디에 가서 무엇을 하는지 몰랐습니다. 병약한 부모님과 어린 동생들을 남겨두고 집을 떠나려니 발이 떨어지지 않았습니다. 그런데도 달아나지 못했습니다. 전쟁 때문이었습니다.

이같이 당국은 민중들을 속여서, 그리고 어쩔 수 없는 상황을 만들어 전쟁에 동원했습니다. 한밤중에 습격하거나 길에서 납치하기도 했습니다. 이것이 바로 당국이 사용한 동원시스템입니다. 전쟁을 치르던 시절 일본이 운영한 국가총동원체제였습니다.

그렇다면 잘못은 누구에게 있을까요, 끌려간 사람들에게 있을까요, 당연히 납치하고 회유하고 속여서 데려간 당국, 즉 일본 국가권력의 책임입니다. 그런 이유로 광복 74주년을 맞은 올해에도 여전히 한국 사회는 일본 정부의 책임을 지적하는 것입니다.

참고 문헌

박경식朴慶植 지음(1965)·박경옥 옮김, 『조선인 강제연행의 기록』, 고즈윈, 2008.

국무총리 소속 대일항쟁기 강제동원피해조사 및 국외 강제동원 희생자 등 지원위원회,
    『조각난 그날의 기억』, 2012.

정혜경, 『징용 공출 강제연행 강제동원』, 도서출판 선인, 2013.

허광무 외, 『일제강제동원 Q&A ①』, 도서출판 선인, 2015.

조건 외, 『일제강제동원 Q&A ②』, 도서출판 선인, 2017.

도노무라 마사루外村大 지음(2012)·김철 옮김, 『조선인 강제연행』, 뿌리와 이파리,
    2018.

정혜경, 『일제강점기 조선인 강제동원 연표』, 도서출판 선인, 2018.

정혜경, 『일본의 아시아태평양전쟁과 조선인 강제동원』, 동북아역사재단, 2019.

정혜경, 『아시아태평양전쟁에 동원된 조선의 아이들』, 섬앤섬, 2019.

2.
아시아태평양전쟁시기 조선인노무자
강제동원에 대한 이해

-일본 규슈九州지역 후쿠오카현福岡縣 사례-

허광무

탄광에 강제동원된 조선인들

'후생성명부'를 통해 본 조선인노무자 강제동원

강제동원 피해자가 말하다

가이지마탄광 조선인자료는 존재했다

모집은 강제동원이 아니라구?

■ 탄광에 강제동원된 조선인들

널리 알려진 바와 같이 후쿠오카현의 조선인 강제동원이라고 하면 대표적으로 탄광노동을 언급하지 않을 수 없습니다. 왜냐하면 후쿠오카현은 지쿠호筑豊탄전이라고 하는 일본 최대의 석탄산지를 갖고 있으며 아시아태평양전쟁시기에는 석유를 대신하는 에너지원으로 석탄에 대한 수요가 급증하면서 탄광노동자가 절실했기 때문입니다. 아시아태평양전쟁시기 지쿠호지역은 전국 석탄생산의 약 30~40%를 점유하였으며, 석탄생산에 필요한 노동력으로 조선인을 동원하였는데 그 수가 약 15만~17만 명에 이른다고 알려집니다.

〈표 1〉 규슈지역 조선인인구의 추이

		1937	1938	1939	1940	1941	1942	1943	1944	1945
후쿠오카현	실수	50,565	60,105	83,520	116,864	136,436	156,038	172,199	198,136	205,452
	지수	100	119	165	231	270	309	341	392	406
사가현	실수	3,659	3,585	5,778	8,693	10,858	16,099	20,699	23,639	24,512
	지수	100	98	158	238	297	440	566	646	670
나가사키현	실수	7,625	8,852	11,343	18,144	22,408	34,515	47,415	59,573	61,773
	지수	100	116	149	238	294	453	622	781	810
구마모토현	실수	3,192	3,184	4,497	5,699	6,031	11,954	16,875	18,844	19,540
	지수	100	100	141	179	189	374	529	590	612
오이타현	실수	5,435	5,600	6,488	8,046	11,858	15,148	24,713	29,932	31,037
	지수	100	103	119	148	218	279	455	551	571
미야자키현	실수	2,494	2,619	4,538	5,476	6,330	5,665	9,224	11,950	12,391
	지수	100	105	182	220	254	227	370	479	497

가고시마현	실수	1,527	1,658	2,331	3,220	3,794	5,608	9,671	17,930	18,592
	지수	100	116	163	226	266	393	678	1,256	1,303
규슈전체	실수	74,397	85,603	118,495	166,142	197,715	245,027	300,796	360,004	373,297
	지수	100	115	159	223	266	329	404	484	502

출전: 다무라 도시유키, '내무성 경보국 조사에 의한 조선인 인구'(田村紀之, 「内務省警保局調査による朝鮮人人口」, 『經濟と經濟学』東京都立大学, 1981)에 의해 작성함.

위의 〈표1〉를 보십시오. 이것은 1937년 중일전쟁 이후 1945년 패전 시까지 규슈지역에 거주하던 조선인수를 시계열적으로 나타낸 것입니다. 이 표를 보면 조선인은 규슈 전지역 중 후쿠오카현에 집중하고 있었던 정황이 확인됩니다. 그 수는 무려 규슈지역 조선인 전체의 약 50%~70%에 육박하고 있습니다. 다시 말해서 10명 중 5~7명이 후쿠오카현에 있었다고 할 수 있습니다. 특히 후쿠오카현에 강제동원된 조선인수는 약 15만~17만명이었다고 하니까 후쿠오카현 거주자의 대부분이 강제동원에 의한 것이었다고도 볼 수 있지 않을까 생각합니다.

실제로 조선인들을 동원한 곳이 탄광이었는지 자료를 통해 알아보겠습니다. 다음의 〈표2〉는 후쿠오카현 지사의 「사무인계서」에 의한 것인데, '집단이입集團移入'이란 이름하에 동원된 최대의 산업은 탄광이었음을 알 수 있습니다. 주지하는 바와 같이 일본은 1939년 7월 4일 '쇼와 14년도 노무동원 실시계획강령에 관한 건(昭和十四年度勞務動員実施計画綱領に関する件)'을 각의 결정하여 조선인에 대한 계획적, 집단적, 정책적, 조직적, 폭력적인 노무동원을 본격화

하였습니다. '집단이입'이란 강제병합으로 일본제국에 복속된 한반도에서 조선인을 집단적으로 일본 본토로 옮겨 들어온다는 의미입니다.

〈표 2〉 '집단이입'조선인의 사업장별 내역 (1944.1말)

		이입자수	도주자수	사망자수
총계		113,061	58,471	711
내역	석탄산	105,784	54,244	688
	공장	3,477	1,681	8
	토건	3,630	2,389	14
	금속산	170	157	1

주)요코가와 테루오, 『일본국 후쿠오카현 지역의 조선인 강제동원에 관한 기초조사』(横川輝雄『日本国福岡県地域への朝鮮人強制動員に関する基礎調査』)2006년에 의함

〈표2〉에 의하면 '집단이입' 조선인이 배치된 사업장은 '석탄산'이 가장 많아 전체 113,061명 중 105,784명을 차지하여 93.6%를 점유하고 있습니다. 이제 왜 후쿠오카현의 조선인 강제동원을 이해하는데 탄광이 중요한지, 그 이유가 분명해졌습니다. 다음으로 탄광에서의 노동생활, 노동실태를 파헤치면 그것이 왜 강제동원이었는지 스스로 드러날 것입니다.

〈사진 1〉 '사무인계서' 내 '현정 중요사항' 문서철(후쿠오카 현립도서관 소장)

〈사진 2〉 '이입 반도인에 관한 조사표'

　　그런데 조선인노무자의 전시 강제동원에 관한 자료는 '사무인계서'에 국한되지 않습니다. 조선인노무자의 미불임금을 조사하여 기록한 이른바 '후생성명부'라고 하는 조사보고서가 있습니다. 여기서는 동 보고서와 생존자의 체험담을 소개하면서 강제동원에 대해 이야기하고자 합니다.

■ '후생성명부'를 통해 본 조선인노무자 강제동원

'후생성명부'를 주목하는 이유는 무엇일까?

조선인노무자 강제동원과 관련하여 주목되는 자료는 이른바 '후생성명부'라고 하는 자료입니다. 본래의 제목은 「조선인노동자에

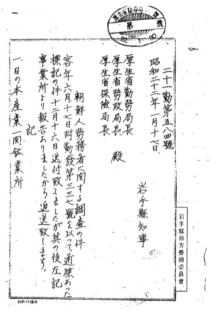

〈사진 3〉 「조선인노동자에 관한 조사결과」에 수록된 내용 중 일부. 이와테현岩手縣 지사가 후생성에 회신하는 내용으로 되어 있다.

관한 조사결과」로 1부府(오사카부) 15현縣의 총 69,766명분의 조선인명부로 구성되어 있습니다. 1990년 노태우 전 대통령이 일본을 방문할 당시 일본측에 요청하여 확보한 자료입니다.

이 명부는 광복 직후 일본 군수공장 등에 동원된 조선인들이 회사측으로부터 받지 못했던 미불임금의 지급을 강하게 요구하자 일본을 점령한 GHQ(연합군총사령부)가 일본정부로 하여금 그 명세를 조사·보고하도록 하여 작성된 것입니다. 1946년 6월 17일 후생성이 각 도도부현都道府縣 지사에게 통달한 '근발 제 337호(勤發第337號)' 「조선인노무자에 관한 조사의 건(朝鮮人勞務者に関する調査の件)」이 그것입니다. [1] 후생성은 보고서 작성을 통달함과 동시에 아래의 양식 3개를 전국 도도부현 지사앞으로 배포하였습니다. 보고서에 일관성을 부여하기 위함이었습니다.

〈제1호양식〉

소관성별	공장사업장		연도별 고용(징용 포함) 인원수									
	명칭	소재지	1937	1938	1939	1940	1941	1942	1943	1944	1945	계

---

1 '후생성명부'에 대해서는 金英達『朝鮮人强制連行の研究』明石書店, 2003년 및 최영호 편저, 『강제동원을 말한다, 일제강점기 조선인 피징용노무자의 미수금문제』, 도서출판 선인, 2015 참조.

〈제2호양식〉

① 입소 경로별	② 씨명	③ 생년 월일	④ 본적	⑤ 직종	⑥ 입소 연월일	⑦ 퇴소 연월일	⑧ 퇴소 사유	⑨ 미불금		⑩ 퇴소시 대우	⑪ 후생연금 보험 급부 결 미결	⑫ 적요
								종별	금액			

〈제3호양식〉

① 연도별 할당 및 고용자	② 종전시의 조선인수	③ 귀선歸鮮 시킨자의 수	④ 종전에 따른 해고자에 대한 조치 대우 상황	⑤ 사망자, 부상자, 도망자 수	⑥ 징용에 의한 조선인 노무자수

'제1호'양식은 조선인노무자를 사역한 작업장을 한 번에 알아 볼 수 있도록 작성한 이른바 총괄표입니다.

'제2호'양식은 조선인노무자 한명 한명의 미불금 내역을 알 수 있도록 작성한 명부로, 총 12개의 항목(①입소경로별, ②성명, ③생년월일, ④본적지, ⑤직종, ⑥입소연월일, ⑦퇴소연월일, ⑧퇴소사유, ⑨미불금, ⑩퇴소시 대우, ⑪후생연금보험 급부 여부, ⑫적요)으로 구성되어 있습니다. 본 서식은 미불금뿐만 아니라 동원경로, 작업장 배치와 기간, 직종, 조선인 신원 등이 낱낱이 기재되어 있어 사료로서의 가치가 매우 큽니다.

'제3호'양식은 총 6개항(①'연도별 할당인원 및 고용인원수', ②'종전시의 조선인 노무자 수', ③'귀선자歸鮮者수', ④'종전으로 인해 해고당한 자를 위한 처치 대우 상황', ⑤'사망자, 부상자, 도망자의 수', ⑥'징용에 의한 조선인 노무자 수')으로 구성되어 있는데, 작업 장별 조선인노무자의 할당배치 현황과 귀환 등 패전 후의 조치를 알 수 있도록 되어 있습니다. 그런데, '제3호'양식은 단독으로 작성 한 경우보다 대개 '제2호'양식 마지막에 '부기附記'로 기재된 경우가 많습니다.

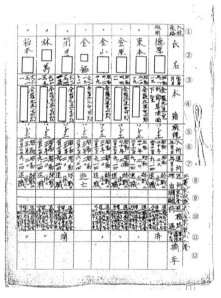

〈사진 4〉 [조선인노동자에 관한 조사결과] 제2호양식

여기서 '제1호'양식에서 '제3호'양식까지를 쭉 읽어보면, 이것이 단순한 미불금 현황조사를 넘어서는 의미를 지니고 있다는 것을 알 수 있습니다. 왜냐하면 '계획적, 집단적, 조직적, 정책적, 폭력

적'이라고 알려진 전시 강제동원을 동원에서 귀환까지 일목요연하게 담아내고 있기 때문입니다. 안타깝게도 일본 전국 1도(도쿄도) 1도(홋카이도) 2부(오사카부, 교토부) 43현 중 그 일부에 해당하는 1부 15현의 보고서만 남아 있다는게 의아하기 짝이 없지만, 그래도 이 자료에 가장 주목해야 하는 이유가 여기에 있습니다.

〈사진 5〉 징용영서. 1944년 4월 8일부터 관동기계제작소 경성공장에 징용한다는 내용이 적혀 있다(일제강점하 강제동원피해 진상규명위원회 『강제동원 기증자료집』, 2006).

노무동원은 '모집→관알선→징용'의 순서로 진행되었나?

조선인노무자의 다양한 정보를 가장 많이 담고 있는 '제2호'양식을 구체적으로 들여다보겠습니다.

여기서는 특히 강제동원이라고 하면 많이 언급하는 것 중 하나인 동원방법에 대해서 알아보겠습니다. 대개 동원방법에 대해 이야기를 하게 되면 이를 모집, 관알선, 징용의 세 가지로 나누어 설명하고, 또 이것이 모집→관알선→징용의 순으로 심화되면서 이행移行하는 것으로 알려지고 있습니다. 과연 그럴까요?

모집은 앞서 말한 바와 같이 1939년 7월 4일 각의 결정으로 노무동원계획에 따라 '집단이입'의 이름하에 집단적으로 동원하였습니다. 그러다가 1941년 12월 진주만공습을 시작으로 전선이 태평양지역으로 확대되자 노무동원의 충실을 기할 목적으로 1942년 2월 13일 '조선인노무자 활용에 관한 방책(朝鮮人労務者活用に関する方策)'을 각의 결정하여 조선총독부의 관알선을 통한 노무동원을 개시하였습니다. 징용은 1939년 7월 8일 제정된 국민징용령에 의한 동원으로 일본정부로부터 명령장이 발부되었습니다. 법적으로 강제동원을 규정한 것입니다. 조선은 타이완, 화태(현 사할린), 남양군도와 더불어 10월 1일부터 적용되었습니다.

이렇게 보면 시기적으로는 '집단이입'의 할당모집과 국민징용령에 의한 징용이 1939년 7월에 있었고, 조선총독부의 관알선이 1942년 2월이므로 모집→징용→관알선 순으로 시행되고 있었음을 알 수 있습니다. 그럼에도 불구하고 조선인에 대한 국민징용령 적용은 1944년 8월 8일의 각의결정 '반도인노무자의 이입에 관한 건(半島人労務者の移入に関する件)'에 의해 9월부터 실시된 것으로 이해하

는 경우가 많습니다. 그래서 노무동원은 모집→관알선→징용의 순으로 바뀌면서 강제성의 정도가 심화되어 가는 것으로 생각하는 것 같습니다. 심지어 법적 동원을 규정한 징용만이 강제동원에 해당되는 듯한 언사도 많이 볼 수 있습니다. 결론을 먼저 말씀드리자면, '본인의 의사에 반하여' 감금과 같은 형태로 인신을 구속하면서 강제노동을 당한 노동실태는 모집, 관알선, 징용 모두 같습니다. 다만, 처음에 이를 법적으로 강제하면서 끌고 갔는지의 여부, 즉 강제동원의 시작부분만 서로 형태가 달랐다는 것뿐입니다.

아무튼 모집→관알선→징용으로 바뀌면서 조선인 동원이 있었는지, 그 실태를 곧바로 볼 수 있는 것이 '제2호'양식입니다.

'제2호'양식에서 동원방법을 알아 볼 수 있는 것이 '입소경로'란입니다. 여기에는 작업장에 '입소入所'한 조선인노무자가 모집에 의한 것인지, 관알선, 징용에 의한 것인지를 구분하여 기입하고 있습니다.

미쓰이三井광산 미이케三池 만다万田광업소의 조선인 동원

마침, 세 가지 동원방법으로 조선인을 동원한 사례가 있습니다. 후쿠오카현 미쓰이광산 미이케 만다광업소의 경우가 그렇습니다. 먼저 모집의 방법으로 동원한 조선인를 보면 1941년~1944년에 걸쳐 총 73명을 동원한 것이 확인됩니다. 다음으로 관알선으로는

1942~1944년에 걸쳐 총 1,391명을 동원하였는데, 그 내역을 구체적으로 살펴보면 다음과 같습니다. 1942.2.4.(59명), 1942.9.9.(82명), 1942.11.4.(39명), 1942.11.22.(77명), 1942.12.22.(49명), 1943.4.17.(99명), 1943.4.21.(97명), 1943.8.25.(92명), 1943.9.3.(97명), 1943.9.21.(92명), 1943.11.22.(75명), 1943.11.26.(54명), 1944.1.19.(61명), 1944.1.25.(43명), 1944.2.24.(23명), 1944.3.12.(54명), 1944.4.5.(35명), 1944.8.30.(202명), 1944.12.16.(61명)입니다. 마지막으로 징용으로는 1944년~1945년에 걸쳐 총 293명을 동원하였으며 그 내역을 보면 1944.4.7.(63명), 1944.6.9.(30명), 1944.7.9.(79명), 1944.7.16.(8명), 1945.1.27.(64명), 1945.4.19.(49명)이었습니다.

조선인을 일본으로 송출한 송출지역의 특징을 보면 모집은 거의 전국적으로 이루어진 반면에 관알선과 징용은 특정지역에 집중하고 있었다는 사실을 확인할 수 있습니다. 주도면밀하게 계획적·조직적으로 조선인을 동원하고 있었음을 엿볼 수 있습니다.

예를 들어 관알선의 경우, 1942년도에 가장 많은 인원인 82명을 동원한 9월 9일을 보면, 충북 충주, 괴산, 진천, 제천, 음성의 5개 군이 70명을 차지해 전체 85.4%를 차지했습니다. 같은 해 11월에는 4일과 22일에 걸쳐 총 116명을 동원하는데, 4일에는 충남 아산군(37명/39명), 22일에는 충남 보령군(70명/77명)에 각각 집중되어 있습니다. 1943년 9월에는 3일과 21일에 걸쳐 총 189명을 동원하는데 대부분이 경기도 수원군(170명/189명)출신이었습니다. 1944년에 202명을 동원한 8월 30일의 경우는 고창군, 김제군, 부안군, 순창군, 익산군, 임실군, 장수군, 정읍군의 8개군에 걸쳐 전북이 178명(88.1%)으로 가장 많았습니다.

징용의 경우는 어떠했을까요? 1944년 4월 7일의 63명의 출신지를 보면 전원 경기도로 용인군 38명, 광주군 25명이었습니다. 1944년 6월 9일의 30명의 경우는 경기도 11명을 필두로 전국적으로 흩어져 있지만, 1944년 7월 9일의 79명의 경우는 경기도가 65명(82.3%)으로 압도적으로 많았습니다(기타 충남 3, 충북 8, 전북 1, 전남 1, 경남 1). 1945년 1월 27일의 64명은 충남 63명과 충북 1명이며, 대부분이 충남 대덕군(59명)출신이었습니다. 마지막으로 1945년 4월 19일에 동원된 49명은 전원 전남출신으로 고흥군 20명, 진도군 15명, 해남군 13명, 보성군 1명이었습니다.

동원방법과 동원시기를 알기 쉽게 표시하기 위해 아래 표를 작성해 보았습니다.

〈표 3〉 미쓰이 미이케 광업소 '입소경로'별 동원시기

입소경로	1942년	1943년	1944년	1945년
모집	3월·5월·6월·7월 8월·9월·10월·11월	1월·2월·3월·4월·5월 6월·7월·8월·9월·10월	1월·2월·6월	—
관알선	2월·9월·11월 12월	4월·8월·9월·11월	1월·2월·3월 4월·8월·12월	—
징용	—	—	4월·6월·7월	1월·4월

주) 1. 모집의 1941년 내역은 4월 2명이다.
　　2. 1944.8.30. 동원된 202명은 입소경로가 '관알선(징용)'로 표기되어 있으며, 여기서는 관알선에 포함시켰다.

위의 내용에서 다음의 세 가지를 확인할 수 있습니다.

첫째, 조선인노무자의 동원에서 압도적 우위를 차지하는 것은 관알선으로 전체의 80%에 육박하고, 징용이 16.7%로 뒤를 이으며 모집이 4.2%로 가장 낮게 분포하는 것을 알 수 있습니다. 이를 통해 모집으로는 노무동원이 쉽지 않아 조선총독부를 통한 관알선에 많이 의존했던 정황을 알 수 있습니다.

둘째, 모집→관알선→징용의 형태로 단계적으로 점점 심화되며 옮겨 가는 것이 아니라, 동시에 병행하고 있었다는 점입니다. 모집과 더불어 관알선 방식으로도 동원이 있었으며 심지어 1944년에는 모집, 관알선, 징용이 모두 동시에 진행되고 있었습니다. 조선인을 동원하기 위한 모든 방법을 동시 다발적으로 적용하고 있었다고 이해함이 옳을 것 같습니다.

셋째, 보통 조선인노무자의 징용에 의한 동원은 1944년 8월 8일의 각의결정 「반도인노무자의 이입에 관한 건(半島人労務者の移入に関する件)」에 따라 동년 9월부터 적용되었다고 하는데, 그 보다도 이른 시기(4월, 6월, 7월) 이미 시행되고 있었음을 확인할 수 있습니다. 물론 미쓰이 미이케 만다광업소는 '제2호'표 '부기'에 "징용에 의한 조선인노무자"는 '현지징용'이라고 되어 있어 일본 현지에서 징용한 것으로 추정됩니다.[2] 그러나 설령 그것이 일본현지 조선인

---

2 일본거주 조선인은 1942년 2월 13일 각의결정 「조선인노무자 활용에 관한 방책 (朝鮮人労務者活用に関する方策)」에 의거 징용 또는 국민근로보국대로 군수공장, 탄광 등에 동원됨.

에게 적용되었다 하더라도 징용에 의한 동원에는 변함이 없으므로 1944년 9월부터 적용되었다는 식의 인식에는 문제가 있습니다.

이 점은 다른 작업장의 사례에서도 확인할 수 있습니다. 가령 오카자키岡崎공동주식회사 마오카眞岡광업소의 경우는 1944. 7. 23.에 경북 청송군에서만 17명을 동원한 적이 있습니다.[3]

다른 예를 더 들어보겠습니다. 일본통운 하카타博多지점의 경우는 독특하여 조선인동원을 '모집', '관알선', '징용'으로 구분하지 않고 '이입移入', '이입징용', '현지징용', '후생성 알선'의 네 가지로 구분하고 있습니다.[4] 여기서 '이입'이란 앞서 설명한 바와 같이 한반도에서 일본으로 끌고 온 조선인을 의미합니다. 따라서 '이입징용'은 한반도에서 일본으로 동원한 조선인 피징용자를 의미하는데, 이를 보면 1944. 8. 10. 경북 성주군에서 77명을 동원한 사실이 확인됩니다. 물론 네 가지의 동원방법이 앞서 예시한 미쓰이 미이케 만다광업소와 마찬가지로 동시에 진행되고 있었음은 두 말할 나위 없습니다.

모집, 관알선, 징용에 의한 동원은 동시에

이와 같이 조선인을 노무동원하기 위한 방법은 시기를 거듭하여 심화하면서 단계적으로 변화해 갔다고 하는 이해보다는 동시에

---

3 「조선인노동자에 관한 조사결과」 후쿠오카현(福岡縣)
4 「조선인노동자에 관한 조사결과」 후쿠오카현(福岡縣)

다발적으로 진행되고 있었다고 이해하는 것이 타당해 보입니다. 그리고 징용에 의한 동원도 1944년 9월부터가 아니라 그 이전 시기부터 이미 시행하고 있었다고 보아야 할 것입니다. 그렇다면 동년 8월 8일의 각의결정은 어떻게 생각해야 할까요? 징용에 의한 강제동원도 이미 시행중에 있지만 이를 적극적으로 추진하라는 결정이 아닐까 생각합니다.

주의해야 할 것은 이것이 단지 법적 강제를 동반한 방법이었는지 아닌지의 여부에 불과한 것으로, '본인의 의사에 반하여' 강제노동을 강요한 노동실태는 어떤 방법의 동원이든 동일하다는 점입니다.

인권유린의 강제동원을 숨긴 채 유네스코 세계유산으로

한편, 미쓰이 미이케는 2015년에 유네스코 세계유산으로 등재된 곳이기도 합니다. 일본정부가 유네스코에 신청한 '메이지 일본의 산업혁명 제철·제강, 조선, 석탄산업'으로 명칭된 총 8개 지역 23개 자산 중 하나로 후쿠오카현 오무타시 소재의 미쓰이 미이케 탄광이 등재되어 있습니다. 미쓰이는 미쓰비시三菱, 스미토모住友와 더불어 근대 일본을 대표하는 3대 재벌 중 하나였습니다. 미쓰이가 모집, 관알선, 징용의 형태로 조선인을 강제동원한 사실은 이미 앞에서 설명하였는데, 2013년에 우리 정부는 이러한 시설을 세계유산으로 등재하는 것에 대해 일본정부에 항의하고 철회를 요구한 적이 있습니다. 그렇지만 그러한 노력에도 불구하고 결국 일본정부가 의도한 대로 유네스코 세계유산 등재는 실현되었습니다. 강제동원의 현장을 세계유산으로 등재하려는 일본정부의 움직임은 앞으로도 계속될 것이라고 생각합니다. 올바른 역사인식과 기억을 위하여 강제동원에 대한 지속적인 연구가 필요하고, 아울러 일본의 움직임에도 각별한 관심과 주의가 필요하다고 생각합니다.

■ 강제동원 피해자가 말하다

생존자 증언에 의한 노동실태

앞서 본 바와 같이 조선인노무자 명부자료에는 모집, 관알선, 징용 등 동원방법이 구분되어 있어 서로 다른 것 같지만 그 후 작업장에서 이루어진 노동실태는 거의 같습니다. 이는 단지 조선인을 작업장으로 동원하기 위해 사용한 여러 방법을 나열한 것에 불과합니다. 이렇게 하여 집단적으로 동원한 조선인을 실제로 작업장에서는 노동숙소(일명 '함바')단위로 관리하며 철저하게 감시하였습니다. 그리고 혹독한 노동에 견디지 못해 '도주'하는 일을 막고 동시에 무기생산에 필요한 군자금을 확보할 목적으로 작업장마다 강제저축을 광범위하게 시행했습니다.[5] 이것이 미불금으로 남았음에는 두 말할 나위 없습니다. 앞에서 '후생성명부'를 어떻게 하여 작성하게 되었는지 그 배경을 설명한 부분을 상기해 주시기 바

---

5 니시나리타 유타카(西成田 豊), 『労働力動員と強制連行』, 山川出版社, 2009, 48, 49쪽. 메이지(明治)광업 히라야마(平山)광업소의 경우를 보면, '애국저축' '강제저축' '보통저축'의 세 종류의 저축이 있었는데, '애국저축'과 '강제저축'은 퇴직 시외에는 인출을 금지하고 있었다. '보통저축'의 경우도 "어쩔 수 없는 특별한 사정이 인정될 때"에만 인출이 가능했으므로 자유롭지 못했다.

랍니다.

노동숙소 단위의 철저한 노무관리에도 불구하고 작업장을 탈출하는 사람이 속출하였습니다. 이를 일본에서는 '도주' 혹은 '도망'이라고 불렀습니다. 모집이든 관알선이든 징용이든 모두 똑같이 '도주'로 취급하고 있습니다. '자유의지'에 의해 모집에 응한 사람이 왜 '도주'를 할까요? 또 이들을 왜 '도주'라고 불렀을까요? '도주'란 몸을 피하여 달아난다는 사전 상의 의미가 있는데, 일본의 작업장에서는 달아나야 할 상황에 있었음을 암시합니다. 또 '도주'라는 표현에서 조선인을 범죄자취급하는 분위기에도 주목해야 합니다만, 이점에 대해서는 후술하겠습니다. 한편 '국민징용령'에 의한 동원은 위반 시 "1년 이하의 징역 또는 1000엔 이하의 벌금"에 처해지므로 상당한 결심이 필요한데 조선인들은 이에 아랑곳하지 않았습니다. '도주'를 통해 일제 침략전쟁에 끝까지 저항해 왔음을 엿볼 수 있는 대목입니다.

오지에도 뻗쳐진 '모집'이란 형태의 노무동원

여기서는 마치 자유로운 고용계약에 의한 것으로 간주되는 모집의 사례를 한번 검토해 보겠습니다.

강원도 춘천시에 거주하던 A할아버지의 사례입니다. A할아버지가 동원된 곳은 후쿠오카현 구라테鞍手군에 위치한 가이지마貝島

탄광이었습니다.

사전면담기록을 읽어보니 A할아버지는 작업장 이름과 장소를 일본어 발음으로 정확하게 설명하고 있었습니다. 그렇다면 작업내용이라던가 노동생활이라던가 구체적인 내용도 들을 수 있겠다 싶어서 연구자는 직접 할아버지를 만나러 춘천으로 향했습니다. 사전면담을 한 춘천시 직원에게 연구자의 방문을 알리고 할아버지 댁으로 이동하려 하자, 춘천시 직원이 안내를 자청했습니다. 할아버지댁은 직선거리는 그다지 멀지 않지만 찾기가 쉽지 않다는 설명이 뒤따랐습니다. 당시는 자동차에 네비게이션이 없던 시절이라 길찾기가 쉽지 않았던 것은 사실입니다. 춘천시 지리에 밝은 직원이 안내를 자청하기에 따라 나섰습니다. 구불구불 산길과 내를 건너며 이동하길 얼마나 됐을까요? 적어도 초행길의 연구자에게는 매우 길고 지루한 여정이었습니다. 어느 한적한 산촌마을에 접어들자 비로소 연구자를 태운 차가 멈춰 섰습니다. 차에서 내려 사방을 둘러보니 가구수도 별로 없는 아주 작은 산촌마을로 보이는데 산을 개간하여 만든 논이 정성스럽게 가꿔져 있었습니다. 할아버지댁은 징검다리를 건너 나지막한 산등성이를 등에 지고 있었습니다. 그 옛날 초가집이었을 법한 할아버지댁에 들어서자 젖혀진 대문 옆으로 누런 소가 누워 있습니다. 나중에 여쭤보니 그 소가 농기계를 대신하여 할아버지를 돕고 있다고 합니다.

모집에 걸리다

동산면에서 태어나 자랐다는 A할아버지에게 모집이 왔다고 면에서 연락이 온 것은 1943년 10월의 일이었습니다. 할아버지에 의하면 당시 일본은 전쟁중이어서 면에서 모집이든 뭐든 일본에 가야 한다고 하면 따를 수밖에 없었다고 합니다. 할아버지들은 "모집에 걸렸다"는 이야기를 자주 했는데 필자는 전국을 돌면서 이와 같은 이야기를 너무 많이 듣고 있었습니다. 동원 당시 할아버지는 논농사를 짓고 있었고 결혼하여 슬하에 딸이 있었다고 합니다. 지금사는 마을에서의 일입니다. 남겨진 가족들의 생계를 걱정할 틈도없이 출두명령이 있던 날 시간에 맞추기 위해 새벽길을 나섰습니다. 같은 마을에서는 A할아버지 외에 3명이 출두명령을 받았습니다. 이름도 다 기억합니다. 도청에 도착해 보니 다른 면에서도 사람들이 차출되어 약 50명가량이 되었습니다. 일행은 기차로 서울을 경유하여 부산으로 이동하였습니다.

후쿠오카 가이지마탄광

부산에서 일박을 하고 연락선에 태워진 일행이 도착한 곳은 시모노세키下關 혹은 하카타博多였다고 합니다. 지명과 작업장명을 잘기억하고 있기에 어떻게 기억하고 있는지를 여쭈어 보았습니다. 일본어는 잘 할 줄 몰랐으나 글자를 보고 기억하고 있었다고 합니다. 작업장에 도착해 보니 춘천에서 출발한 50명이 모두 함께였습니다. 주위는 온통 탄광뿐이었습니다. 자신을 포함하여 조선인노무자들을 수용하는 숙소를 그곳에서는 '훈련소'라고 불렀습니다. 자신은 '제6훈련소'에 배치되었습니다.

조선인은 위험한 작업장에

조선인에게 주어진 일은 막장에서의 채탄작업이었습니다. 언제 무너질지도 모르는 막장에서의 작업은 위험하기 짝이 없었는데 경험이 일천한 조선인을 그대로 배치하여 하마터면 탄에 묻혀 죽을 뻔한 경험도 했습니다. 작업은 아침 7시부터 밤 12시까지. 그러나 정해진 하루분량을 달성하지 못하면 출갱을 허락하지 않았습니다. 식사는 대두 찌꺼기에 안남미, 양이 너무 적어서 배고픔을 견디기가 힘들었습니다. 그리하여 건장한 청년도 한 달만 지나면 살가죽과 뼈만 남을 정도였습니다. 탄광에는 미군포로도 있었는데 그들은 더 야위어 있었습니다.

'도주'를 감행하다 붙잡혀서

장시간의 중노동과 목숨을 위협하는 위험한 작업, 특히 배고픔은 견디기 어려웠습니다. 일을 해도 제대로 된 급료를 받지 못했습니다. 견디다 못해 동료들과 함께 집단으로 '도주'를 시도하였습니

다. 사실 '도주'는 동원되는 과정에서도 끊이지 않았습니다. 똑똑한
사람은 모두 도망가고 못난 놈만 남아 있었다고 할아버지는 생각
했습니다. 동료 대여섯명과 함께 밤새 산길을 걸어 100리를 달아
났는데 이튿날 아침 붙잡혀서 4, 5일 가량 유치장에 감금되었습니
다. 그리고서 도로 본래 탄광으로 보내졌습니다. 도망갔다고 일본
인 감독이 허리띠로 매질을 하며 혹독하게 대했습니다. 그런 다음
'나나코(7갱)'라고 하는 훈련소로 보내졌습니다. 그곳은 도망가다
잡혀온 광부들을 집어넣어 정신교육을 시키는 곳이었습니다. 나중
에 '나나코'는 폐쇄되었습니다.

급료는 없고 용돈만

급료를 제대로 받아본 기억이 없습니다. 한 달에 한번 정도 용
돈정도의 돈을 주는데, 그걸로 머리를 깎고 나면 남는 게 없었습니
다.

취사는 조선인이 담당

훈련소에는 조선인노무자에게 식사를 준비해 주는 사람들이 따
로 있었습니다. 그들은 같은 조선인으로 경상도나 전라도에서 온
사람들이었습니다. 그들은 가족을 동반한 사람이었으며, 그곳에서
는 이들을 '밥쟁이'라고 불렀습니다. 그들도 탄광일을 했습니다.

■ 가이지마탄광 조선인자료는 존재했다

A할아버지가 동원된 작업장은 실제로 존재했습니다. 그곳은 가이지마 오노우라大之浦탄광이었습니다. 이 탄광은 후쿠오카현 지사의 '사무인계서' 자료에 의하면 아소麻生탄광에 이어 두 번째로 많은 조선인노무자를 동원한 회사였습니다.[6]

그렇게 많은 조선인을 동원한 곳이었다면 일본정부 명부에도 있을 법합니다. 그런데 어떻게 된 영문인지 「조선인노동자에 관한 조사결과」에는 수록되어 있지 않습니다. 조선인 관련 자료가 없어서일까요?[7]

재일사학자 김광열 선생이 가이지마탄광 조선인명부를 발견하다

후쿠오카현의 재일사학자 고 김광열 선생이 가이지마 오노우라탄광의 조선인명부를 발견한 것은 1976년 8월의 일이었습니다. 김광열 선생은 지쿠호탄전의 탄광으로 동원된 조선인노무자의 실

---

6 「移入半島人勞務者ニ関スル調査表」(特別高等課)에 의하면 1944년 1월 현재 아소탄광이 7,996명으로 가장 많고 그 다음으로 가이지마 오노우라탄광이 7,930명으로 그 뒤를 잇는다.

7 조선인관련 자료가 없다는 회신을 쉽게 발견한다. 그 이유로는 "관계서류 대부분 소실"하여(야하타제철소) 또는 "관계자 전원 다른 곳으로 이동"하여 조사가 불가능하다(나가노현)는 등의 이유였다.

체를 확인하고는 현지를 손수 답사하며 조선인 강제동원을 연구한 연구자였습니다.[8] 때마침 가이지마 오노우라 탄광이 조업을 중단한다는 사실을 접하고 현장을 방문하여 생존자 증언과 관련자료 수집에 정성을 다하던 무렵이었습니다. 김광열 선생의 진정성에 탄복한 탄광사무소의 직원이 사무소에 있던 조선인 관련 명부를 제공한 것입니다. 탄광측이 조선인자료가 탄광사무소에 있었음에도 불구하고 1946년의 후생성 통첩에 응하지 않았는지, 응했으나 그 후 자료가 누락된 것인지 그 이유는 알 수 없으나 어찌했건 조선인자료가 남아 있었던 것이지요.

〈사진 6〉 가이지마 오노우라 탄광의 '이로하명부'

---

8 김광열(金光烈)의 대표적인 저작으로는 『足で見た筑豊―朝鮮人炭鑛労働の記録』 明石書店, 2004; 『風よ、伝えよ―筑豊朝鮮人鑛夫の記録―』, 三一書房, 2007; 『「內鮮融和」美談の真実』緑蔭書房, 2013 등이 있다.

「이로하명부(가나다순 명부)」라는 제목으로 편철된 조선인명부는 제6갱의 명부였습니다. A할아버지가 폐쇄되었다고 한 7갱의 명부도 함께 들어 있었습니다. 할아버지의 기억은 정말로 명료했습니다.

A할아버지는 자신이 소속한 숙소를 제6훈련소라고 했는데, 다른 곳과 달리 오노우라탄광은 숙소를 의미하는 '함바'나 '료'의 이름을 사용하는 대신 '훈련소'라는 명칭을 사용했습니다. 그리고 숙소에 배치된 조선인을 '훈련생'이라고 불렀습니다. '이로하명부'의 제6갱은 제6훈련소 훈련생이 담당한 곳이었습니다. A할아버지가 동원된 1943년에는 조선인을 안정적으로 모집하기 위해 조선주재원을 두기로 하고 세키타니 시로關谷志郞가 파견되어 같은 해 총 249명을 동원하였다는 기록도 발견되었습니다.

도주자를 응징하라

오노우라탄광은 '도주'를 기획하다 실패한 조선인을 감금하며 훈육할 목적으로 '특별훈련소'라는 것을 운영하고 있었습니다. A할아버지가 '도주'에 실패하여 감금된 곳이 그곳입니다.

'도주'는 '총후(후방)'생산력 저하와 '내지(일본 본토의 의미)' 치안유지라는 견지에서 일본경찰이 극도로 경계하던 일이었습니다.[9]

---

9 '도주'를 감행하는 조선인노무자와 이를 지명수배하여 추적하는 기업과 일본경찰과의 관계, 배경 등을 천착한 논문으로 허광무, 「일제말기 경찰기록으로 본 일본지역 강제동원 조선인노무자의 관리와 단속—'도주'노무자 수배가 갖는 역사적 의미를 중심으로—」, 『한일민족문제연구』 제35호, 2018 참조.

다시 말해서 생산활동에 필요하여 동원한 조선인이 작업장에서 '도주'하면 생산에 차질을 빚고 따라서 '노무동원계획'에 차질을 가져온다는 것입니다. 또한 '도주'한 조선인이 본토 공습의 북새통에 독립운동을 기도하는 단체에 합류하거나 또 당초부터 그런 목적으로 노무자속에 숨어 있었던 사람이라면 곤란하기 짝이 없으므로 색출하는데 안달할 수밖에 없었던 것입니다. 1942. 8. 일본정부는 후생차관, 내무차관, 상공차관 연명으로 '이입조선인노무자 도주방지에 관한 건'(후생성 發生제81호)을 통첩하여 전국 도도부현都道府縣에 도주방지대책 수립을 촉구하기도 했습니다. 특별훈련소는 이와 같은 요청에 의한 것으로 실제 '전시 석탄확보 대책협의회'에서 제안된 것이었습니다. 동 협의회에서는 "반도인 불량자는 이 시설에 수용하여 정신훈련과 함께 고통을 안겨 주도록 하고 나태한 자에게는 중노동을 강제하여 응징하도록 하자"는 지침을 마련하였던 것입니다.

안타깝게도 「이로하명부(가나다순 명부)」속에서 할아버지의 이름은 아직 발견하지 못했습니다. 이렇게도 생생하게 기억하고 있음에도 그 이름을 명부에서 확인할 수 없다면 할아버지의 기억을 의심하는 사람들이 나타날 수 있습니다. 그러나 다행이도 할아버지의 이름은 일본 법무국 공탁금 명부에 기재되어 있다는 사실이 확인되었습니다. 문서의 제목은 '조선인 노무자에 대한 미불금 공탁서(朝鮮人勞務者ニ対スル未払金供託書)'이고, 작성자는 가이지마貝島탄

광주식회사 오노우大之浦탄광으로 되어 있습니다. 할아버지의 기억
은 확고한 것이었습니다.[10]

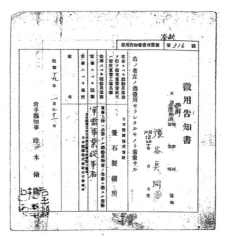

〈사진 7〉 징용고지서. 지정한 군수회사에 징용되었음을 통보한 고지서.
(대일항쟁기 강제동원피해조사및국외강제동원희생자등지원위원회
『히로시마·나가사키 조선인 원폭피해에 대한 진상조사』, 2011)

'군수회사법' 지정으로 징용자가 되다

A할아버지는 자신이 모집에 걸렸다고 생각하고 있습니다. 그것
이 모집이 아니라 조선총독부의 관알선인지도 정확하게 알 수 없
습니다. 그렇지만 오노우라 탄광에서 광복을 맞이하였고 그 후 비
로소 고향으로 돌아올 수가 있었습니다. 공탁금명부에도 할아버지

---

10 동 자료에 의하면 A할아버지가 탄광에서 근무한 시기가 1943. 10.~1945. 10.까지
로 되어 있다. A할아버지가 기억하고 있는 시기와 정확하게 일치했다. 함께 수록된
다른 사람들도 모두 시기가 같았으며 전원 강원도 춘천출신이었다.

는 1945년 10월까지 오노우라 탄광 소속이었음을 회사측 스스로가 기록하고 있었습니다. 비교적 잘 알려져 있지 않지만 일본은 전쟁이 막바지에 다다르자 군수물자 생산에 총력을 기울일 목적으로 1943년 10월 '군수회사법'이란 것을 제정하였습니다. 중요 군수물자를 생산하는 기업을 송두리째 징용하는 입법이었습니다. 이 '군수회사법'에 의해 작업장이 지정되면 그곳에 소속된 노무자는 징용되었다는 '고지서' 한 장으로 징용의 몸이 되는 것입니다.[11] 할아버지를 동원한 가이지마 탄광주식회사는 1944년 4월 25일 제2차로 지정된 총 424개 군수회사 중 하나였습니다. 다시 말해서 할아버지는 1944년 4월 25일 이후 본인도 모르게 법적으로 징용된 몸이 된 것입니다. 모집이든 징용이든 '본인의 의사에 반하여' 강제노동에 혹사당한 것은 마찬가지이지만, 설령 모집으로 온 사람이라 하더라도 피징용자의 몸이 된다는 사실을 잊지 말아야 할 것입니다. 따라서 모집으로 동원된 사람은 스스로 응해서 '취업'한 것이니 이것은 강제동원이 아니다 라는 식의 어리석은 발언은 삼가기 바랍니다.

---

11 '군수회사법'에 의해 징용된 사람은 '국민징용령'에 의한 징용과 달리 '군수피징용자'라 불렀다. '국민징용령'에 의해 징용된 사람은 그냥 '피징용자'로 불렀다.(外村大(동경대학),「軍需会社法で『徴用とみなす』ことについて」 2018. 11. 13. 도노무라 마사루 홈페이지 http://www.sumquick.com/tonomura/)

■ 모집은 강제동원이 아니라구?

조선인노무자의 강제동원은 동원방법인 모집, 관알선, 징용에만 매몰되어 파악할 성질의 것이 아닙니다. 송출지에서의 동원방법과 수단부터 이동과정, 현지 작업장에서의 노동내용, 생활, 처우, 환경, 귀환에 이르기까지 동원실태를 총체적으로 파악해야 합니다. A할아버지의 경험은 총체적 파악의 필요성을 웅변하고 있습니다.

특히 작업장에서의 '도주'는 그것이 '본인의 의사에 반하여' 행해진 강제노동임을 반증한다고 할 것입니다. '도주'는 비단 조선인에게만 국한된 것이 아니었습니다. 일본인조차도 가혹한 노동생활과 위험한 작업현장에 위협을 느껴 '도주'하는 사태가 빈번하게 일어나고 있었던 것입니다.

늑골이 아프다 하여 숙소에서 쉬게 하였는데 본인이 희망하여 오늘, 도요하라청 병원에 진료를 받으러 **연행 도중** 역 대합실에서 진료시간을 기다리던 중 감시원의 눈을 피해 도주(1944.2. 仙石國弘, 일본인)

도주자는 5, 6일 전부터 오른쪽 발바닥에 종기가 생겨 미하시三橋병원에서 통원치료를 받던 중 4월 12일 오전 8시 반경 미하시병원에서

화장실에 간다고 한 뒤 뒷문으로 도주(1944.4, 川岸庫一, 일본인)

함바의 변소 창문을 뜯고 도주하여 즉시 4, 5명이 추적하였으나 함바 남쪽 수풀 속에서 종적을 감췄다(1944.9, 金本三郎, 조선인)

위의 사례를 보면, 병원에 가는 일도 '연행'당하는 일이었습니다. 일상생활 중에도 노무자들이 탄광측으로부터 행동을 감시당하고 있었음을 잘 알 수 있습니다. 열악한 노동생활에 참다못한 한 조선인노무자는 아래와 같은 편지를 고향으로 보내 경각심을 촉구하기도 했습니다. 너무나도 실감나기에 여기에 소개하기로 하겠습니다.

"편지를 받으시면 즉시 답변해 주세요. 이제껏 숨겨왔지만 무엇보다도 배가 고파서 견딜 수가 없습니다. 저는 조선에서도 그다지 많이 먹는 편은 아닌데, 지금은 배가 고파서 일도 제대로 할 수가 없습니다. 노동자들이 공복을 견디지 못해 급기야 몸이 부어올라 힘도 쓰지 못하는 걸 보면 정말로 불쌍해서 견딜 수가 없습니다. 속아서 모집에 응한 것이 후회스럽기 짝이 없습니다. □□ 모집에 응하는 사람이 있다면 절대로 말려 주세요. …〈중략〉… 갱내작업자 중 우리 일행중에서도 손발이 잘려나간 사람이 2, 3명 있고 목숨을 잃은 이도 있습니다. 이것저것 생각하자니 저는 이 구미組에 예금한 것도 없고 (떠나고 싶어서–인용자) 안절부절 못하겠습니다. …〈후략〉"[12]

12 러시아 사할린주 역사기록보존소(GIASO) 소장 자료. Д154(0), 1943년 5월 19일, 110, 113쪽.

이 서신은 경상남도 함양경찰서 우편검열에서 적발되어 발송처 관할인 사할린 진나이 경찰서장 앞으로 주의를 요한다는 공문과 함께 발송되었습니다. 일본 작업장에서의 배식부족, 작업의 위험성 등이 조선에 전파되면 민심의 동요를 가져와 조선인 '집단이입'의 노무동원 정책에 영향을 끼친다는 이유였습니다. 사할린으로 동원한 조선인노무자의 관리를 철저히 하라는 경고인 것이지요. 함양 경찰서 검열에 적발되었으니 그 가족에게 서신이 전달되었을 리는 만무합니다. 서신을 보낸 조선인은 탈출하여 행방이 묘연하다고 적시되어 있습니다. 이것이 모집에 가려진 강제동원의 민낯인 것입니다.

참고 문헌

金英達, 『朝鮮人強制連行の研究』, 明石書店, 2003.

西成田 豊, 『労働力動員と強制連行』, 山川出版社, 2009.

金光烈, 『足で見た筑豊－朝鮮人炭鉱労働の記録』, 明石書店, 2004.

_____, 『風よ、伝えよ－筑豊朝鮮人鉱夫の記録－』, 三一書房, 2007.

_____, 『「内鮮融和」美談の真実』, 緑蔭書房, 2013.

최영호 편저, 『강제동원을 말한다, 일제강점기 조선인 피징용노무자의 미수금문제』, 도서출판 선인, 2015.

대일항쟁기강제동원피해조사및국외강제동원희생자등지원위원회, 『위원회활동결과보고서』, 2016.

허광무, 「일제말기 경찰기록으로 본 일본지역 강제동원 조선인노무자의 관리와 단속— '도주'노무자 수배가 갖는 역사적 의미를 중심으로—」, 『한일민족문제연구』제35호, 2018.

外村 大(동경대학), 「軍需会社法で『徴用とみなす』ことについて」 2018.11.13. 도노무라 마사루 홈페이지(http://www.sumquick.com/tonomura/)

러시아 사할린주 역사기록보존소(GIASO) 소장 자료. Д154(0), 1943년 5월 19일

厚生省, 「조선인노동자에 관한 조사결과」

貝島鑛業大之浦鑛業所 「いろは名簿」 국가기록원 소장.

3.
'지원志願'의 역설:
'황민皇民'이 되기 위해 '황군皇軍'이 된 것이 아니다.

조 건

'황군皇軍'이 되고 싶었던 '조센진朝鮮人'

거짓된 지원의 행렬

죽음을 강제한 군대와 거부한 일본인들

누가 더 종족주의적인가?

출세를 위해 군인이 된 유력 자산가들

'황민'이 되기 위해 '황군'이 된 것이 아니다.

■ '황군皇軍'이 되고 싶었던 '조센진朝鮮人'

"정원 1만 6,500명에 대해서 지원자 80만 3,317명으로 약 49대 1의 치열한 경쟁률을 기록"했다는 일제의 조선인 지원병제도. 그 막대한 숫자를 읽다 섬뜩한 생각이 들었습니다. 그러니까 무려 80만 명이 넘는 조선인 청년들이 제국주의 일본의 지원병이 되기 위해 몸부림쳤다는 것입니다. 과연 숫자는 얼마나 '사실事實의 본질本質'을 이야기하고 있을까요?

당시 일제 당국이 종합한 숫자 자체는 사실로 판단됩니다. 식민지 조선인 청년들은 일제가 만든 지원병제도에 엄청난 경쟁률을 기록하며 호응했습니다. 그 이유를 『반일종족주의』에 수록된 지원병제도에 관한 글에서는 다음과 같이 썼습니다.

> "육군특별지원병을 지원했던 것은 시대착오적인 반상의 신분 차별 등 전근대 이래 남한지역 향촌 사회에 내재한 특별한 모순 때문이었습니다. 육군특별지원병은 이들에게 향촌 사회의 신분 차별로부터 탈출이자 입신출세의 지름길이었습니다."(「육군특별지원병, 이들은 누구인가?」, 『반일종족주의』, 103쪽.)

나름 설득력 있는 이야기입니다. 근대국가의 군대는 전근대의 습속을 타파하고 제도와 규율을 통해 근대를 선도하는 역할을 했습니다. 특히 일본 제국주의처럼 후발 산업자본주의 국가의 경우 군대는 사회 전체에서 근대의 상징적 존재로 비춰지기도 했던 것입니다. 그래서 식민지 조선의 청년들이 전근대의 모순을 타파하기 위해 그리고 그 안에 자신의 출세욕을 담아 일본군에 지원했다는 지적은 간과하기 힘든 측면이 있습니다.

그런데 이 글에서 필자는 조선인 청년들이 그러한 모순 타파와 출세욕을 왜 유독 군대라는 공간에서 찾았는지에 대해서는 말하지 않았습니다. 심지어 당시는 중일전쟁이 시작된 이후로 곧장 전장에서 생사의 갈림길에 봉착해야 했는데 말이죠. 『반일종족주의』의 필자는 조선인 청년들이 "무기력하고 타율적인 존재"가 아니라 "죽기 아니면 살기의 선택"을 했을 정도로 능동적인 사람들이고 따라서 이토록 능동적이었던 지원을 강제동원으로 '치부'하면 안 된다고 역설했습니다만, 이정도의 설명으로는 청년들의 지원을 납득할 수 없습니다.

물론 어떤 이는 자신의 사회적 한계를 군대를 통해 극복하려고 했을 겁니다. 또 어떤 이는 출세를 위해, 생계를 위해 군대를 이용하고도 싶었을 겁니다. 그러나 무려 80만에 달하는 청년들이 생사가 엇갈리는 전장에 가고자 했던 이유로는 부족합니다. 이렇게나 많은 조선인 청년들이 스스로 전쟁에 뛰어들고자 했던 것은 이들이 식민지 '조센진'으로서 시대적 한계에 봉착했기 때문이었습니다.

충남 서산에 사는 지원자 김일제의 아내 조씨(23)는 남편이 안심하고 나라를
위해 죽지 않으면 안 된다는 이유로 자살했다.

일제는 동화와 내선일체, 황국신민화를 부르짖으면서도 결코
식민지 청년들을 일등국민으로 취급하지 않았습니다. 아무리 발버
둥 쳐도 벗어날 수 없는 망국민亡國民의 굴레가 덧씌워져 있었던 것
입니다. 제국주의 일본은 이들 청년들에게 군대라면 이러한 굴레
를 벗어버릴 수 있다고 꼬드겼습니다. 끊임없는 강제와 회유, 선전
과 선동, 그리고 사탕발림이 휘몰아치고 나서는 당사자도 당황할
만큼 영광스럽고 빛나는 지원병의 완장을 팔뚝에 채워주었습니다.

조선인 청년들은 누구나 열혈 지원병이 되려는 것처럼 행동했
습니다. 그것이 식민지에서 조금이라도 나은 삶을 영위할 수 있는

방편이라고 생각했기 때문입니다. 신문에는 어떻게든 황군이 되려고 손가락을 깨물어 혈서를 쓰고, 불합격에 좌절해 스스로 목숨을 끊고, 남편의 '진충보국盡忠報國'을 위해 부인이 자결을 했다는 이야기들이 떠돌았습니다. 일제가 육군특별지원병 대상자로 설정한 청년들에게 다른 선택의 여지는 없었던 것입니다.

미야타 세쓰코宮田節子라는 일본의 역사학자는 일본 제국주의가 시행한 조선인 지원병제도의 허구적이고 기만적인 행태를 비판하면서 다음과 같이 말했습니다.

> "조선인이 '황국신민皇國臣民'이 되기 위해서는 '일본인 이상의 일본인'으로 행동해야만 했고, 조선인이었기 때문에 일부로라도 목소리를 높여 자신이 제국군인帝國軍人이라는 것을 증명할 수밖에 없었다."(宮田節子, 『朝鮮民衆と'皇民化'政策』, 未來社, 1985, 79쪽.)

일본인보다 더 일본인처럼 행동해야 했던 식민지민, 그럼에도 '조센진'이라고 멸시당해야 했던 존재. 49대 1이라는 엄청난 수치의 경쟁률이 말해주는 진실은 무엇일까요. 정말 80만에 달하는 식민지 청년들이 모두 경쟁을 뚫고 전쟁의 사선死線으로 가고 싶었을까요? 비정상적으로 높은 경쟁률은 오히려 '지원'이라는 행위를 해야만 식민지에서 다른 식의 차별과 눈총을 받지 않을 수 있었던 절실함을 말해주는 것은 아닐까요? 숫자들을 마구 늘어놓는다고 진실이 더 두꺼워지는 것은 아닙니다.

■ 거짓된 지원의 행렬

이제 본격적으로 지원병제도에 호응한 조선인 지원율에 관해 이야기해 봅시다. 우선 조선인 지원자들의 신분에 대해 『반일종족주의』에서는 "보통 이상의 생계를 영위하는 중농층 가계의 차남 이하"라고 하면서 중농층은 "가계 경제력 확충과 자식들의 근대교육에도 보다 힘써 왔던 역동적인 조선인 계층"이었다는 표현을 썼습니다. 조선인 지원자들의 자발성과 능동성을 강조하기 위한 대목으로 보입니다.

그러나 지원병제도 시행 첫 해였던 1938년 6월 당시 조선에 주둔하고 있던 일본군 사령부의 기타노 겐조北野憲造 참모장은 다음과 같은 의견을 신문에 게재합니다.

"처음부터 각 도의 할당 수에 대하여서는 총독부의 배당수를 존중하였는데 도에서는 실격자가 너무나 많아 소망을 달치 못하기 때문에 타도他道로부터 보충하지 않을 수 없는 자도 있었다. (중략) 지원의 이유는 대부분 견확堅確하고 지원자는 열렬한 애국심에 불타고 있었으나, 그 중에는 심히 근거도 이유도 박약하고 정신이 의疑되는 듯 한 자도 있었다. 또 열렬한 지원자처럼 보이는 자라도 불합격의 선언을 받으면서 태연하고 낙담한 태도가 보이지 않는 자도 있었고, 또 반대

로 합격하고도 즐거움을 보이지 않는 자도 많았다."(「素質과 精神을 精査,
北野朝鮮軍参謀長 談」,《동아일보》1938. 6. 12. 3면)

조선 주둔 일본군의 최고위급 장교는 한글로 된 신문에 지원병
제도의 실황에 대해 공식적으로 논평하면서 여러 문제점들을 언급
했습니다. 여기에 몇 가지 주목할 곳이 있습니다.

첫째, '할당', '배당'과 같은 용어가 눈에 띕니다. 일본군이 애초
부터 조선총독부와 협의해서 각 지역별로 할당과 배당 인원을 정
해놓고 있었다는 이야기입니다. 만일 이러한 배당 인원을 채우지
못하게 된다면, 군은 물론 총독 당국에서도 매우 곤란한 일이 아닐
수 없었을 겁니다. 결국 일부 지역에서는 실격자가 너무 많아 다른
도에서 보충하기도 했다고 합니다.

지원자 할당에 대한 증언은 다른 곳에서도 발견됩니다. 어느 마
을에서는 30명 정도의 지원자를 배당받았는데 지원병 규정에 해당
하는 청년을 모두 모아도 그 인원을 채울 수 없어 규정 외의 사람
들에게 이름만 빌려달라고 부탁했다는 일화도 있습니다.

둘째, 지원자 중 부적절한 사람들이 포함되어 있었다는 것입니
다. 심지어 "정신이 의심되는 듯 한 자도" 있었다고 말합니다. 다분
히 지원을 위해 갖가지 조처가 취해졌음을 암시하는 말로 해석됩
니다. 일단 지원율을 높이기 위해 적격자가 아닌 사람들까지 지원
신청을 하게했고 이것이 문제가 되었습니다.

셋째, 지원자들의 반응에 대한 것인데 꽤나 흥미롭습니다. 불합격 선언을 받았는데 태연한 사람이 있고, 합격했는데 즐거워 보이지 않은 자도 적지 않았다는 것입니다. 참모장의 눈에도 조선인 지원자들의 속내가 비쳤던 걸까요? 조선인들이 '애국열'에 불타서 지원을 하고 있었다는 것은 첫 해부터 이미 사실이 아니었던 겁니다.

기타노 참모장은 무슨 말을 하고 싶었던 것일까요? 위에서 지적한 세 가지를 잘 간추려 보면, 결국 여러 지역에서 무분별한 지원 신청과 접수가 이뤄지고 있다는 점을 '경고'했다고 볼 수 있습니다. 첫 해부터 지역별로 지원율에 편차가 크거나, 애당초 부적격한 사람들이 적지 않게 신청을 했는데 이것이 바로 잡히지 않으면 제도의 성공을 보장하기 힘들다고 판단했던 것이죠.

이러한 '반성'을 거쳐, 일제는 조선인들의 지원율을 '정상적으로' 높이기 위해 갖가지 방안을 마련합니다.

첫 번째가 제도를 개정하는 일입니다. 1938년 처음 지원병제도가 공포될 당시 신체 규정은 160cm이상이었지만, 1940년에는 이것이 155cm이상으로 조정됩니다. 학력 역시 "수업연한 6년인 소학교를 졸업한 자"에서 "4년인 소학교를 졸업한 자"로 하향 조정됩니다. 서류 또한 간소화해서 시행 초기에 제출해야 했던 '자산 및 소득조서'와 '주소지·본적지 발행 증명서'가 역시 1940년에 사라집니다. 제도 개정은 더 많은 조선인 청년들의 지원 행렬에 줄서게 하는 방편이었습니다.

그림 2 『매일신보』 1942.5.19. 2면.

1942년 5월 18일 오전 9시 30분 경성 부민관 대강당에서 열린 장행회 장면이다. 이날 행사는 경기도지사와 경성부윤, 경성사단 병사부장, 훈련소장 등이 참석했다. 윤치호가 장행사를 했고, 축사와 답사에 이어 황국신민서사 등을 낭독한 후 문화영화상영, 가곡과 무용 등 예술공연이 이어졌다. 덕수궁에서 점심을 먹고 시내를 일순한 후 훈련소로 돌아갔다고 한다.

두 번째는 각 지역별로 강요된 지원을 계속했습니다. 조선총독부가 일본 제국의회에 보고한 '설명자료'에 따르면, 1941년도 육군 특별지원병 총 지원자 145,046명 중 자발적 지원자는 50,184명이고 그 외 9만 여명은 관청의 종용에 의한 것이라고 기재되어 있습니다. 뿐만 아니라 제국의회에서 "조선인 지원병제도가 경찰의 압박이나 협박이 있었다는 것이 사실이냐"는 질문에 "일부 유감스런 사례도 있었다"는 답변이 정무총감의 입에서 나오기도 했습니다.

세 번째 조선인 청년들에게 영향을 줄 수 있는 명망자들을 내세워 지원을 선동합니다. 수많은 이른바 지식인들이 전국 방방곡곡을 돌며 지원을 독려했습니다. 신문에도 하루가 멀다 하고 강연회니 좌담회니 하는 모양새로 청년들을 부추기는 글들이 쏟아졌습니다.

결국 조선총독부와 조선 주둔 일본군의 방안은 성공했습니다. 1938년 지원병제도가 처음 시행될 당시 7대 1 정도였던 지원율은 해를 거듭할수록 기하급수적으로 늘어납니다. 심지어 1938년 400명이던 모집인원이 1943년에는 5,000명으로 지속적으로 늘었는데도 말이죠. 지원병제도 마지막 해인 1943년 모집 대비 지원율은 무려 60대 1이 넘었습니다.

도저히 상식적이지 않은 일이 벌어졌습니다. 전쟁이 격화되어 사망자가 늘어날수록 더욱 더 많은 조선인 청년들이 앞 다투어 전선에 가겠다고 지원을 한 겁니다. 이 숫자를 어떻게 납득할 수 있을까요? 계속해서 의문이 생깁니다. 과연 '진짜 황민'들은 이 상황에 어떻게 대처했을까요?

■ 죽음을 강제한 군대와 거부한 일본인들

'진짜 황민', 즉 일본인들에게도 전쟁의 참화는 똑같이 다가왔습니다. 제국주의 일본의 침략전쟁은 날을 거듭할수록 전선을 넓혀갔고 더 많은 사람들을 사선으로 내몰았습니다. 수백만에 달하는 일본 청년들이 군인이 되어 전선에 배치되었다가 사망했습니다. 일본인들은 이러한 죽음을 황민으로서 의연히 받아들였을까요? 아니면 전쟁을, 군대 가는 것을 피하기 위해 여러 꼼수를 부리지는 않았을까요?

사실 병역의 의무에 대한 기피는 일본에서도 오랜 역사를 가지고 있습니다. 일본에서 징병제도가 시행된 것은 1872년의 일입니다. 징병기피의 역사는 징병제 시행 초기로 거슬러 올라갑니다. 징병을 기피하기 위한 가장 쉽고도 광범위한 방법으로 도망·실종이 있는데, 1897년 당시 도망과 실종에 따른 징병기피자 수가 무려 4만 8,557명이라는 연구가 있습니다.

모두들 아는 바와 같이 1897년은 청일전쟁에 승리하고 얼마 지나지 않은 때입니다. 일본의 아시아 침략과 제국주의화가 태동하던 때이고, 중국 중심의 아시아체제가 큰 변혁을 맞은 때입니다. 그래서 일본인들이 애국심에 충만한 나머지 징병제와 같은 병역의

의무를 충실이 이행했을 거라고 생각할 수 있지만, 실상은 생각과
달랐던 것입니다.

일본인들의 징병 기피 시도는 시간이 갈수록 줄어듭니다. 특히
도망과 같은 방법은 정부의 국민에 대한 통제가 강화될수록 시도
하기 어려워집니다. 그렇다고 일본인들의 징병 기피 시도가 멈춘
것은 아닙니다. 눈에 뻔히 보이는 기피 시도는 점차 줄어들지만 군
대에 가지 않을 수만 있다면 갖은 방법을 동원했습니다. 일본인들
이 감행한 징병 기피 시도는 혀를 찰만큼 다양하고 기발하기까지
합니다. 1921년 『군사경찰잡지』라는 간행물에 기재되었다는 기피
방법을 몇 가지만 적어 보겠습니다.

> 도수 높은 안경을 사용하여 근시안이 되는 것
> 전날 밤 수면을 취하지 않고 다른 눈병이 있는 것처럼 호소하는 것
> 귓속 깊숙이 콩 종류를 넣는 것
> 고막에 새털 종류를 부착시켜 청력의 고장을 일으키는 것
> 이를 고의로 뽑는 것
> 간장을 다량으로 마시고 심장의 고동을 높여 심장 외에 질병이 있는
> 것처럼 호소하는 것
> 손가락을 절단하는 것
> 항문에 옻을 발라 치질이 있는 것처럼 호소하는 것
> (요시다 유타카 지음, 최혜주 옮김, 『일본의 군대』, 논형, 2005, 24쪽)

꽤 '익숙한' 것도 있지만 그야말로 기상천외한 방법들이 눈에 띕니다. 주목할 점은 이러한 기피 방법들이 열거되던 때가 평시였다는 사실입니다. 군대에 간다고 특별히 목숨을 잃을 위험성이 없던 때도 이렇듯 입대 하는 것을 꺼리는 분위기가 존재했습니다. 상식적으로 생각하면, 자유를 구속당하기 싫은 심성이야말로 인간의 자연스런 감정이라고 할 수 있습니다. 따라서 국가는 국민들이 징병과 같은 병역의 의무를 저항 없이 받아들이게 하려고 '애국심'을 이용합니다. 전시에는 애국심을 고취시키려는 노력이 극에 달하게 되죠.

제국주의 일본 역시 중국을 비롯한 아시아 침략전쟁을 자행하며 민중들에게 충성심을 더욱 더 강요하게 되었습니다. 그리고 이를 바탕으로 만들어진 것이 이른바 '천황의 군대'입니다. '천황'의 이름으로 전쟁을 감행하고 이것을 '성전聖戰'으로 포장한 뒤 일반 민중들을 전선에 동원했습니다.

한편, 같은 일본이라고 해도 징병기피 경향이 더욱 강한 지역이 있었습니다. 예를 들어 오키나와 출신 청년들의 경우 입대해서 규슈지역 부대에 분산 배치되었는데, 해당 지역의 병사들이 오키나와 출신이라는 이유로 차별대우를 받았고 이 때문에 징병을 기피하는 경향이 강했다고 합니다. 부대 내에서 다수를 차지하는 규수지역 청년들은 오키나와 병사들을 '류큐진琉球人, 류큐진'이라며 손가락질했고, '야만적인 금수'와 동일하게 취급했습니다.

이와 같이 징병기피는 지역별로 차이가 있었고, 특히 차별받는

지역민들에게 더욱 두드러진 경향을 보입니다. '류큐진'이라며 손가락질 했던 일본인들이 '조센진'이라고 특별히 친절하게 대했을 것 같지는 않습니다. 일본 병영 내에서 이뤄지는 민족차별은 매우 뿌리 깊고 광범위했습니다. 조선인 지원병들은 일본군 입대 후 이러한 차별대우와 만연해 있는 린치를 감내해야만 했습니다.

특히 1930년대 이후 군국주의화가 급속도로 진행되면서 '천황의 군대' 내에서 이의를 제기하는 것 자체가 원천적으로 부정되었고, 절대복종만이 강요되었습니다. 점령지에서 일본군인들이 보인 민간인에 대한 극단적인 폭력의 원인으로 군대 내의 강압적인 상황이 밖으로 표출된 것이라는 주장도 있습니다. 일본군 지휘관들은 내부적으로 쌓인 병사들의 불만이 군대 외적으로 분출되는 편이 낫다는 생각에서 그러한 폭력 행위들을 방기하기도 했습니다. 그리고 이렇게 분출되는 폭력에 식민지 출신 병사들도 똑같이 노출되어 있었던 것입니다.

전쟁이 심화될수록, 그리고 악화될수록 일본군의 수뇌부들은 병사들이 갖게 될 온갖 결핍과 불만을 무마하고자 했습니다. 그리고, 부족한 보급과 열악한 전장을 '정신주의'로 극복하도록 강제했습니다. 그 결정판이라고 할 수 있는 것이 '전진훈戰陣訓'입니다.

전진훈은 1941년 1월 당시 육군대신이었던 도조 히데키東條英機에 의해서 시달되었습니다. 중일전쟁이 장기화됨에 따라 '군인칙유'의 실천 규범으로 만들어졌으며, 그야말로 '천황의 군대'가 전선에서 지켜야할 행동방침과 같은 것이었습니다. 본훈本訓 제1의 첫 번째 조항은 "대일본은 황국皇國이다."로 시작합니다.

그런데, 전진훈에서 가장 널리 회자되는 대목은 본훈 제2의 여 덟 번째 조항 중에 있는 "살아서 포로의 치욕을 당하지 말고 죽어 서 죄과의 오명을 남기지 말라"라는 대목입니다. 군인들에게 살아 서 포로가 되는 것이 수치이며 모욕적인 일이기 때문에 '천황'을 위 해 싸우다 죽음을 맞이하라는 내용입니다. 전쟁 말기 전진훈은 노 래로 만들어져 군인뿐만 아니라 일반 사람들에게도 널리 알려졌습 니다.

일본군에 강제동원 되었던 많은 한국인들의 뇌리에도 전진훈의 이 대목은 각인된 채 남았습니다. 죽기를 강요하는 군대와 국가. 정상국가라면, 상식이 통하는 군대라면 최소한의 인권과 생존권이 지켜져야 합니다. 일본군은 그러한 면에서 대단히 비정상적인 군 대였습니다. 『반일종족주의』는 이러한 일본군의 모순과 비정상을 이야기 하지 않은 채 조선 청년들이 황민화되어 지원병제도에 적 극 동참했다는 것만을 강조합니다.

일본인들도 기피하는 전쟁에 조선인들이 그토록 애타게 지원했 다는 것에 함정이 있습니다. 과연 조선인들은 제국주의 일본의 민 족 차별을 딛고 일본인보다 더 일본인다운 충량함을 가지게 되었 다는 것일까요?

■ 누가 더 종족주의적인가?

파스케스fasces는 수십 개의 나뭇 가지 뭉치로 만든 도끼입니다. 고대 로마시대 집정관의 권한을 상징하는 도구로, 집정관의 권한이 여러 개의 나뭇가지, 즉 수많은 로마시민들의 지지로부터 나온다는 것을 의미합니 다. 이탈리아의 무솔리니가 주창한 파시즘은 바로 이 파스케스를 왜곡 시켜 상징으로 사용했습니다.

그림 3 10센트 동전의 파스케스
파스케스는 과거 파시즘의 상징물이었 지만 긍정적인 의미로 사용될 때도 적 지 않다.

파시즘, 즉 전체주의국가는 몇몇의 잔학한 독재자만으로 운영 되지 않습니다. 파시즘체제의 생명력은 결국 대중의 지지로부터 나옵니다. 일본 제국주의는 제국 신민, 또는 황국 신민들의 지지에 힘입어 팽창해 나갔습니다.

식민지를 살아간 청년들, 그들 가운데는 일본군이라도 되어서 출세하고 싶었던 군상들이 존재했습니다. 그 중 일부는 진정으로 제국주의에 물들고 그와 한 덩어리가 되고자 했었습니다. 그러나 대다수의 사람들은 피할 수 없다면, 또는 어쩔 수 없다는 심정으로 묵인하고 동의했던 식민지의 인민들이었습니다. 물론 이들에게 아예 책임이 없는 것은 아닙니다. 왜 더욱 적극적으로 저항하고 목숨이라도 내걸고 투쟁하지 않았느냐고 비난할 수도 있습니다. 어느 순간 식민지의 수많은 대중도 식민지의 일상 속에서 제국주의 일본의 침략전쟁에 대한 책임을 조금씩은 가지게 됩니다.

그러나 저항과 투쟁은 자신의 일상을 스스로 항쟁 속에 내던져야만 가능한 일입니다. 식민지의 모든 청년들에게 그들의 일상을 죽음과 바꾸라고 얘기하기는 쉽지 않습니다. 무엇보다 식민지에서 태어난 젊은이들이 애초부터 주어져있었던 구조적 문제들을 어느 순간 자각하고 극복하기란 정말 어려운 일입니다. 그렇다고 이들 모두가 철저하게 황민화되어 일본 제국주의에 적극 동조하고 협력했던 존재였다고 할 수는 없습니다.

『반일종족주의』의 필자들은 조선인 청년들의 지원이 제국주의 일본에 대한 애국 충정에서 비롯된 것이라고 말합니다. 다른 한편 지원병제도가 조선인 사회의 동의와 협력에 의한 것이며, 징병제도와 연계하여 조선인의 참정권을 확보하려는 정치적 움직임이 내재된 것이라고도 했습니다. 하지만 일제는 패전하는 그 날까지 결코 조선인에게 제국의 정치에 참여할 권리를 주지 않았습니다. 그럼에도 『반일종족주의』는 제국주의 일본의 의도는 지나치게 선량하게 포장하고, 그에 동조한 조선인들만을 부각한 뒤, 결국 이를 비판하는 모든 사람들을 반일적이고 종족주의적이라고 비난합니다.

『반일종족주의』에서는 지원병제도를 "동화주의 식민통치 이데올로기의 제도적 완성을 추구"한 것이라고도 했습니다. 학도지원병제도 역시 "동일한 제국신민에 대한 국민의무의 차별, 또는 역차별을 해소하기 위한 고육지책"이라고 역설합니다. 그런데 다른 것을 모두 차치하고라도 정말 이상한 것은, 왜 이렇게 중요한 국민의 의무를 1930년대 말 일본 제국주의가 침략전쟁을 본격화한 이후에나 조선인에게 부여할 생각을 했느냐는 것입니다. 전쟁이 시작되니 공공연히 차별하던 식민지 민족을 갑자기 동일한 국민으로 대우하기로 했다는 겁니까?

물론 그동안은 조선인의 황민화 정도를 의심할 수밖에 없었다고 항변할지 모릅니다. 그러나 1937년 조선 주둔 일본군이 작성한 문건에는 "병역법을 조선에 시행하는 전제로써 지원병제도를 시험적으로 실시"한다고 기록되어 있습니다. 조선인을 믿어서 지원병제도를 시행한 것이 아니라 조선인을 믿을 수 있는지 시험삼아 시행했다는 것입니다.

1938년에 들어서 조선인들을 지원의 형식으로 일본군에 동원한 것은 결국 제국주의 침략전쟁을 지속하기 위한 것이었습니다. 대부분의 한국과 일본의 역사학자들이 지적하듯이 조선인 지원병제도는 결국 조선에서 징병제도를 시행하기 위한 바로미터에 불과했습니다. 앞서 언급했지만, 이러한 시각은 일제 말기 일본군 당국자들의 기본적인 인식이기도 합니다. 그런데 『반일종족주의』의 필자들은 지원병제도와 학도지원병제도의 이러한 속성을 비판하는 사람들에게 반일종족주의에 빠져있기 때문이라고 비난합니다. 왜 제국주의 일본의 선량한 의도와 황민화 된 조선인 청년들의 충정을 믿지 않느냐는 겁니다.

반일종족주의라고 비난하지만, 실은 일본의 제국주의 파쇼체제를 위해 식민지민에게 종족성을 덧씌우고 있는 것입니다. 이러한 행위는 오히려 일본 제국의 '천황제 종족주의'를 위한 것이라고 할 수 있습니다. 반일종족주의라는 말 속에는 우리 민족에게 왜 그 오랜 식민의 기간 동안 '천황의 종족'이 되지 못했느냐고 헐뜯는 의도가 도사리고 있습니다.

한편, 이들 조선인 청년들이 일본군에서 배운 '전문적인 군사지식과 풍부한 실전경험'을 이용하여 훗날 '국제 공산세력'으로부터 국가를 지킨 '조국의 간성'이 되었다고 주장하기도 했습니다. 갑자기 친일과 반일의 프레임에 이념의 잣대를 가져다 댄 것입니다. 이유는 명확합니다. 일본군 장교 출신으로 국군이 된 사람들이 자신들의 과거를 반공으로 덧칠해서 합리화한 사실을 대변하여, 반일은 곧 친공산주의라는 구도를 만들고 싶었던 것입니다. 그리하여 한국의 반일종족주의자들이 '조국의 간성'이 된 애국자들을 '반민족행위자'로 매도했다고 기술하였습니다. 아울러 "육군특별지원병은 자신의 생명과 권리마저 일본에 내맡기는 무기력하고 타율적인 '반민족행위자'만은 아니었"다고도 했습니다.

일제강점기 일본군에서 직업군인으로 복무했던 자들 중 반민족행위자가 있는 것은 사실입니다. 그리고 이들 중 적지 않은 사람들이 해방 후 국군에 투신하여 한국전쟁 당시 북한과 전투를 벌인 것도 사실입니다. 군이 구분하면, 해방 전은 반민족행위자, 그리고 해방 후는 국가유공자라고 말할 수 있습니다. 그런데 혼돈하지 말아야 할 것은 국가유공자가 됐다고 해서 반민족행위가 사라지는 것은 아니라는 겁니다. 또한 한국 학계의 그 누구도 육군특별지원병들을 일방적으로 '반민족행위자'라고 규정하지 않았습니다. 이념이라는 냉전시기 만능의 무기를 들고 나와 오류와 비약, 의도적 왜곡의 독설을 합리적인 것으로 포장해서는 안 됩니다.

■ 출세를 위해 군인이 된 유력 자산가들

『반일종족주의』에는 지원병제도와 함께 학도지원병제도에 대해서도 언급하고 있습니다. 그런데 지원병과 학도지원병들을 보는 눈이 사뭇 다릅니다. 특별히 학병들의 행위를 못마땅해 하는 듯 보이기도 합니다. 아래와 같은 대목이 있습니다.

> "그들은 국가의 명령에 대한 복종, 충성, 희생 등 국가주의 정신세계로 얼룩진 충량한 황국신민이었습니다. 조선인 유력자와 자산가층의 출신으로서 이 학도지원병은 친일 엘리트 세대를 대표했습니다."(「학도지원병, 기억과 망각의 정치사」, 『반일종족주의』, 112~113쪽.)

학병들이 사실은 충량한 황국신민이었고 친일 엘리트를 대표하는 사람들이었다는 겁니다. 그런데 이것이 무슨 문제인가. 논지는 이렇습니다. 이렇듯 친일적이던 사람들이 해방 이후 똘똘 뭉쳐서 자신들의 이익을 위해 경험과 기억을 왜곡시켰다는 것입니다.

> "그들은 불과 몇 사람의 학도병에게서 관찰되는 반일 지사로서의 행위를 그들의 집단 지향인양 분식하였습니다. 당초 학도지원 행위에 깔린 입신출세의 욕망은 그것으로 훌륭하게 은폐하였습니다."(「학도지원병, 기억과 망각의 정치사」, 『반일종족주의』, 113쪽.)

학병들에게 배신의 논리를 들이대고 있는 것입니다. 잘 나가던 친일파들이 출세를 위해 일본군에 지원해 놓고선 해방 후에 독립운동을 했다는 식으로 사실을 왜곡하고 있으니 못마땅하다는 것이지요.

그런데 여기에서 이상한 점이 발견됩니다. '출세'를 위해 일본군에 지원한 사람들이 실은 유력자와 자산가층이었다고 하지 않았습니까? 이미 충량한 황국신민으로 인정받고 있고, 더구나 돈 있고 권력도 있는 집안의 자식들이 왜 전선에 지원했다는 것인지

그림 4 광복군이 된 학병들
일부 학병들은 일본군 부대를 탈출한 뒤 광복군에 합류하여 항일독립운동에 동참하였다.

납득할 수 없습니다. 학도지원병제도가 정말 지원이었다면 이들이 지원할 이유가 있었겠는가? 대체 이토록 유력한 엘리트들이 왜 군대에 가서 출세를 해야 하는가 말입니다.

이러한 의문을 예상했는지, 학병들에게는 입영 후 간부후보생을 지원해서 장교가 될 수 있는 특혜가 주어져 있었다고 기술했습니다. 당시 조선인 청년들에게 일본군 장교가 된다는 것은 하늘의

별과 같은 선망의 대상이었고, 경제적 안정과 사회적 지위를 보장받는 입신출세의 지름길, 천재일우의 기회였다는 것이지요. 그럴 듯해 보입니다만 이것으로 의문이 해소되지는 않습니다.

학병들에게 간부후보생을 지원할 수 있는 자격이 있었던 것은 사실입니다. 그리고 실제 적지 않은 사람들이 간부후보생에 지원해서 합격했습니다. 하지만, 간부후보생에 지원한 모든 학병들이 애초부터 일본군 장교를 하늘의 별과 같이 생각했는지는 알 수 없습니다. 물론 1943년 10월 이른바 학도지원병제도가 시행되기 전까지 조선인 대학생들은 '별과 같은' 일본군 장교가 되고 싶어도 될 수 없는 처지이긴 했습니다. 그러니 학도지원병제도로 길이 열리자마자 대부분의 조선인 대학생들이 지원했다고 주장할 수도 있습니다.

그러나 그것은 조선인 대학생들의 경우이고, 애초부터 군대에 들어가 출세할 수 있었던 일본인 대학생들은 왜 별이 될 수 있는 군대에 가지 않고 대학에 진학했을까요? 역시 지원병제도에서 보았듯 조선인 청년들이 일본인들보다 더욱 더 황민화되어 있었기 때문일까요. 이렇게 황민화가 잘되어 있는 대학생들에게 왜 학병에 지원하라는 종용을 그토록 그치지 않고 계속해야만 했을까요.

학도지원병제도의 지원은 애당초 허울뿐이었습니다. 『반일종족주의』에도 기재되어 있듯이 "당시는 전시기였으며, 젊은이들은 군대에 가든 공장에 가든 강요받는 분위기"였습니다. 그럼에도 "학도지원병제도는 단순히 '지원을 가장한 동원'으로만 단정하기 힘든,

지원자들의 분별력 있는 판단과 욕망이 개재된 복잡한 과정"이라고 했습니다. 어디로든 끌려가지 않으면 안 되는 처지였다고 하면서도, 동원이라고만 할 수는 없고 분별이 가능했다는 것입니다. 그러니까 공장에 끌려갈 수도 있었는데 군대에 지원할 수 있을 만큼 분별이 가능한 상황이었으니 강제동원은 아니라는 주장입니다. 하지만, 군대에 지원하지 않고 공장으로 갔다면 오히려 목숨을 부지하기 위한 비겁한 선택이었다고 비난했을 겁니다.

> "탈영 원인은 가혹한 사적 제재가 횡행하는 병영 생활의 부적응, 간부후보생 탈락의 비판, 참전에 따른 죽음의 공포 때문이었습니다. 학도지원병 탈영자의 정신세계는 충만한 민족의식이 아니라 적나라한 생존본능으로 채워져 있었습니다."(「학도지원병, 기억과 망각의 정치사」, 「반일종족주의」, 111쪽.)

위에서 언급한 바와 같이 학도지원병들은 전선의 부대에서 탈출을 감행했습니다. 지금은 김준엽·장준하 등 성공한 학병들만 기억하고 있습니다만, 사실 탈출 과정에서 붙잡히거나 사망한 사람들이 더 많았을 겁니다. 군인이 전장에서 이탈하는 것은 그 자체로 죽음을 담보한 행위입니다. 김준엽처럼 입영할 때부터 탈출을 계획한 사례도 있지만, 많은 경우 죽기를 각오 할 만큼 일본군의 병영 생활이 끔찍했기 때문에 탈출하지 않으면 안 되겠다 마음먹었을 것으로 보입니다. 그런데 이것을 '적나라한 생존본능'이라고 폄

하했습니다. 공장을 가든, 군대에 입영하든 결국은 생존만을 위한 것이었다고 비난했을 겁니다.

그렇다면 왜 『반일종족주의』는 이들을 이토록 신랄하게 비난할까요. 표면적인 이유는 "학도지원에 깔린 입신출세의 명예욕, 보다 평안한 군대 생활, 목숨부지의 적나라한 욕망을 은폐"하고 마치 독립을 위해 헌신한 민족투사의 면모만 강조하기 때문이라고 합니다. 이들이 거짓말을 하고 있다는 것이죠.

그러나 『반일종족주의』에서 학병들을 비난하는 더 근본적인 이유는 바로 "적나라한 출세 욕망을 일본제국에 대한 충성심으로 포장"했었기 때문입니다. 독립운동을 가장한 것보다 일제에 충성하는 것처럼 포장해 놓고 배신한 것이 더 괘씸하다는 것입니다. 나아가 이들이 독립운동가 인양 가장해서 반일종족주의라는 틀에 한국인의 역사의식을 구속한 것도 마음에 들지 않았던 것 같습니다. 요컨대, 학병들은 일제강점기 온갖 혜택을 받은 친일 엘리트였으면서도, 목숨을 부지하기 위해 일본군을 배신하고 탈출한 뒤 이후에는 독립운동가처럼 행세했고, 지식인의 특성을 살려 이러한 일들을 모두 기록으로 남겨 이를 읽은 한국인들이 반일종족주의라는 잘못된 역사의식에 구속되게 만들었다는 것입니다.

2018년 행정안전부 과거사관련업무지원단에서는 조선인 학도지원병제도와 그 실태에 대한 진상조사를 진행했습니다. 여기에서는 학병들이 탈출을 감행한 시기부터를 독립운동으로 보고 이에 대한 연구가 지속되어야 함을 지적했습니다. 『반일종족주의』에는 "정부가 나서서 그들의 학도지원을 독립운동으로까지 격상해야 한다"고 주장했다고 하지만, 이것은 사실이 아닙니다. 일본군 배치까지는 강제동원, 탈출부터는 독립운동이라는 기준을 제시했습니다. 강제동원된 것 자체는 독립운동이 아니지만, 강제동원에서 벗어나려는 움직임은 항일이고 이것은 곧 독립운동의 실마리가 된다고 생각했던 것입니다.

■ '황민'이 되기 위해 '황군'이 된 것이 아니다.

다시 처음의 지원병제도로 돌아가 봅시다. 학병을 제외하고서도 80만에 달하는 조선인 청년들이 일본군에 지원했던 시대. 이 시기를 앞서 언급했던 일본인 학자 미야타는 "자기 기만의 시대"였다고 기록했습니다. 일제강점기는 식민지 조선인이 황민이라는 것을 증명하기 위한 자기 기만의 시대였다는 것이죠.

조선인들의 황민화는 정작 일본 당국조차 전혀 신뢰하지 않았습니다. 일본 정부와 군부는 한 때 충성스러운 듯 보이는 조선인들도 상황이 조금이라도 반전되는 순간 본연의 민족적이고 항일적인 색채로 돌변할 것이라고 의심했습니다. 조선 주둔 일본군은 조선인에 대한 징병제 실시를 1940년 당시 2,30년 뒤에나 가능할 것으로 예상한 바 있고, 이후에도 동원된 조선인들이 돌변할까 두려워 여러 조치들을 취하곤 했습니다. 전선부대에서 부대별 조선인 비중을 제한하거나, 애초 같은 부대였던 사람들을 분리시키거나, 불침번 근무에서 제외시키고 감시를 한층 강화하는 등의 조치가 그것입니다.

역사 속에는 수많은 우연과 변칙들이 존재하지만, 그럼에도 역사를 '공정'하게 바라보기 위해서는 항상 그 시대를 살았던 사람들의 기본적이고 상식적인 이성의 수준에서 사고하지 않으면 안 됩니다. 왜 유독 식민지의 청년들이 제국주의의 침략전쟁에 적극 나서려고 했던 것인가. 어쩌면 그 안에 더욱 분명한 사실이 숨겨져 있는지도 모릅니다. 그렇게 하지 않으면 차별받는 이등국민, 식민지 민족에 대한 멍에를 이겨낼 수 없었던 것이죠. 결국 우리가 진정으로 비판해야 하는 것은, 제국주의 식민지배의 틀 안에서 돌출된 개개인의 욕망이 아니라 제도와 규정 뒤에 숨어 그것을 강제한 구조와 체제입니다.

그러한 제국주의를 '논쟁의 난장판'에 끌어들여서는 안 됩니다. 공동체를 위한 '동원'과 '희생'은 인류의 공익에 기여할 때에만 가치가 있는 것입니다. 인류 보편의 생명과 윤리와 정의에 기여하지 않는, 특정 민족이나 인종, 국가, 또는 이념을 강요하는 체제는 파쇼적이며 제국주의적일 따름입니다. 그런데도 마치 제국주의를 인류가 표방할 수 있는 이념과 체제의 하나인 양 끌어들여 논쟁해서는 안 됩니다. 더구나 개인의 사례에 제국주의라는 체제와 이념이 숨겨지는 일은 없어야 합니다. 아무리 개인의 잘못이 크다고 해도 그것이 군국주의의 악행, 전체주의의 만행, 제국주의의 비행보다 더 비판받아서는 안 됩니다. 『반일종족주의』는 식민지 청년들의 욕망은 들춰지고, 정작 일본제국의 천황제 종족주의는 그 뒤에 숨어버리는 역설이 즐비합니다.

조선인들은 애초부터 황민이 될 수 없었던 존재입니다. 그리고 대다수의 경우 꼭 황민이 될 필요도 없었습니다. 황민이기를 강요받는 현실이 있었을 뿐입니다. 그리고 그 현실에 맞춰 황군이 되는 경우가 있었습니다. 황민이 되기 위해 황군이 된 것이 아니고, 황민이어야 하는 현실에 의해 황군에 지원했던 것입니다.

기나긴 식민지배 기간을 지나 해방이 되고 70년이 훌쩍 지난 지금, 한국사회에서 반일을 이야기 하는 것이 종족주의로 비난받는 현실. 단순히 반일이기 때문이 아니라, 친일이 아니기 때문에 종족적이라고 치부되는 상황이 장황하게 널려 있습니다. 도대체 누가 더 종족적인가. 우리 시대의 상처는 언제나 아물 수 있을까요.

"황민화정책은 일본의 패전과 함께 끝났다.
그러나 조선인의 이에 대한 내면의 투쟁은 지금까지 계속되고 있다.
황민화정책이 조선인의 마음에 남긴 상처는 깊고 크다. 특히 중일전쟁 이후 이른바 황민화시대에 인간 형성을 이룬 세대의 상처는 상상을 초월한 것이다."(宮田節子, 『朝鮮民衆と'皇民化'政策』, 124쪽.)

참고 문헌

宮田節子, 『朝鮮民衆と「皇民化」政策』, 未來社, 1985.

요시다 유타카 지음, 최혜주 옮김, 『일본의 군대』, 논형, 2005.

樋口雄一, 『戰時下朝鮮の民衆と徵兵』, 總和社, 2001.

정혜경, 『조선 청년이여 황국신민이 되어라』, 서해문집, 2010.

표영수, 「일제강점기 육군특별지원병제도와 조선인 강제동원」, 『한국민족운동사연구』
79, 2014.

조건, 「일제 말기 한인 학병들의 중국지역 일본군 부대 탈출과 항일 투쟁」, 『한국독립운
동사연구』 56, 2016.

吉田裕, 『日本軍兵士ーアジア・太平洋戰爭の現實』, 中央公論新社, 2017.

정혜경, 『일본의 아시아태평양전쟁과 조선인 강제동원』, 동북아역사재단, 2019.

4.
친일맹신주의親日盲信主意
: 호모 크레둘리타스Homo Credulitas

이상호

맹신과 왜곡
대일배상요구와 피해회복
대일배상요구조서란?
개인청구권과 기계적 합리주의

■ 맹신과 왜곡

믿음이 지나치면 우리는 이를 맹신盲信이라고 칭합니다. 특히 역사, 현실, 진리 등을 자신들에 유리하게 해석하거나 결과론적으로 해석하는 자들은 이런 맹신에 쉽게 빠져듭니다. 학문이 객관적이고 보편적이어야 하는 것은 당연합니다. 그러나 자신이 믿는 것에는 주관적인 반면 자신이 부정하는 것에만 엄밀한 객관성을 요구하는 것은 그것 자체가 보편성을 잃은 것입니다. 자신과 다른 견해를 가진 사람들에게 토테미즘이라는 굴레를 씌우고 사실을 호도하는 자들에게도 같은 규범을 적용하자면 아마도 맹신주의라는 표현이 가장 적절한 것 같습니다. 천동설을 믿었던 중세 신학자들처럼 자신이 보지 못하는 것은 인정하지 않으려는 천박한 랑케식의 사료史料 접근법은 감동도 혜안도 줄 수 없을 것입니다.

무국적 학문을 도구로 쓰는 부일附日자들에게

1980년대 서유럽 특히 독일과 프랑스에서는 유태인 학살을 부정하는 목소리가 들려오기 시작했습니다. 이들이 주장하는 논리는 전쟁범죄에 관한 사료가 없다는 것이었습니다. 하지만 이러한 목소리는 피해 당사자들이 수만 명 이상 살아있을 때에는 거의 들려오지 않았습니다. 피해를 입은 당사자들이 죽고 난 후, 이들은 관련 자료와 증언이 없다고 떼를 쓰는 것입니다. 당연히 가해자인 독일과 비시 프랑스(Vichy France)[1] 정권은 관련 자료를 인멸湮滅한 후인데 나치 군대의 내부 사료가 왜 없느냐고 바보 같은 질문을 하고 있는 것입니다.

『반일종족주의』(이하 반종)의 저자들 역시 같은 오류에 빠져 있다고 보아야 합니다. 이들은 이제야 슬금슬금 서유럽과 일본의 역사수정주의자들의 주장을 무비판적으로 받아들여 자신들의 논리적 근거로 삼고 있는 것입니다. 눈에 보이는 것만 믿는 랑케사학의 폐해를 몸에 담고 있는 부류들입니다. 이들의 학문적 배경도 역시 철저한 서구중심적임을 알 수 있습니다. 이들에게는 사료의 행간行間을 읽어낼 혜안慧眼이 없습니다. 여기에 역사적 혜안을 통해 진실을 마주할 용기도 없는 자들입니다. 그 이유는 글자나 그래프에 맹목적인 해석만을 따르고 있기 때문입니다. 이런 분들은 학문을 하지 말고 통계와 숫자가 시시각각 변하는 경매장이나 증권매장에 나가 있는 것이 더 합리적일 것입니다.

백번 양보해서 '반종' 저자들이 자신의 학문적 정당성을 입증하려면 최소한 역사수정주의를 통해 왜곡을 일삼는 일본의 자금은

---

1 제2차 세계대전에서 프랑스가 나치독일에 패한 뒤 설립된 정권으로 1944년 9월 연합군에 의해 파리가 해방될 때까지 존속했다.

거절해야 했습니다. 배부른 돼지가 배고픈 소크라테스 흉내를 내며 뒤로는 과욕과 과식을 하고 있는 꼴이니 얼마나 비루鄙陋하고 천박해 보입니까?

청구권 협상과 관련하여 '반종'에서 표방하는 것은 다음과 같이 두 가지로 요약할 수 있습니다. 첫째, 애당초 한국 측이 청구할 게 별로 없는데, 이는 한일협정으로 일체의 청구권이 완전히 정리되었기 때문이라는 주장입니다. 둘째, 1965년 체결된 한일협정에 대한 한국 정부의 공식해설을 보면 이미 개인청구권이 소멸되었음을 밝혔다고 지적하고 있습니다. 그럼 우선 이 두 가지 지적에 대해 사실관계와 해석에 대한 평가를 하도록 하겠습니다.

■ 대일배상요구와 피해회복

한일협정으로 일체의 청구권이 완전히 정리되었을까?

무엇보다 먼저 지적할 것은 '배상賠償'이라는 용어에 대한 정의입니다. 법률적으로 배상이란 타인의 불법행위로 인한 손해나 권리침해權利侵害에 대한 금전적 보상報償을 의미합니다. 따라서 이승만 정권 기 '대일배상요구조서對日賠償要求調書'에는 위와 같은 불법행위에 대한 금전적 보상을 요구한 것입니다. 그럼에도 불구하고 '반종'에는 대일배상요구조서에는 피해배상이 없다고 주장하고 있습니다. 과연 사실과 일치할까요?

이들은 국제법과 국제관계에서 식민지배에 대한 피해배상은 없으므로 일본도 이를 한국에 적용하고 있다고 주장합니다. 이들의 주장에 따르면 1951년 9월 체결된 샌프란시스코 강화조약에 따라 한국은 전승국도 아니고 식민지 피해국도 아니기 때문에, 이승만 정권도 피해배상이 아니라 재산 반환에 대한 청구를 계획했으며, 대일배상요구조서에는 피해배상이 없었다는 것입니다.

국제법에 식민지배에 대한 배상은 물론 없습니다. 하지만 식민지배로 이르는 국가범죄, 즉 강박強迫에 의한 조약 체결은 그 효력이 상실되는 것으로 인정하고 있습니다. 즉 식민지배에 대한 배상을 묻기 전에, 식민지배로 이끄는 1905년 을사조약과 1910년 한일병합 자체의 위법성을 먼저 인정해야 하는 것이고, 최근의 국제법은 그러한 국가위법행위에 대해 국가책임을 인정하고 있습니다.

따라서 '반종' 저자들의 청구권 문제에 대한 전제前提가 잘못되어 있음을 확인할 수 있습니다. 전제가 잘못된 기술은 전체적으로 설득력이 없기 때문에 그 주장에 대한 진위를 논의하기 보다는 과연 한국이 일본으로부터 불법적인 식민지배에 대한 배상요구가 불가능한 것인지에 대해 설명해 보고자 합니다.

대일배상 요구의 기원과 과정

우선 1954년 당시 이승만정부가 주장한 대일배상요구조서를 소개하고자 합니다.

우리 학계에서 대일배상요구조서의 내용에 대한 검토는 다양하게 이루어졌습니다. 대다수의 연구는 전후 아시아태평양전쟁 종결후 전쟁을 공식적으로 마무리 짓는 샌프란시스코 평화조약까지의 일련의 과정에서 한국정부가 일본정부에 대해 청원의 성격을 갖는 것으로 평가했습니다. 즉 세부적인 접근보다는 한일협약이나 한일청구권 협상의 전사前史로서 인식해왔습니다.

대일배상요구조서에 대한 집중적인 분석은 2012년 장박진의 연구에 의해 이루어졌습니다.[2] 이 연구는 대일배상요구조서의 제3부 〈중일전쟁 및 태평양전쟁에 기인한 인적 물적 피해〉와 제4부 〈일본 정부 저가 수탈에 의한 손해〉 부분을 집중적으로 분석하였습니다.

아시아태평양전쟁이 공식 종료된 1945년 9월 2일 이후 일본에 대한 식민지 지배 및 전쟁 중 피해에 대한 보상 및 배상 요구가 각국으로부터 제기되었습니다. 해외에 산재한 일본재산의 처리에 대한 문제는 1945년 11월 7일 도쿄에 도착한 미국 대통령 특사인 폴리(Edwin E. Pauley)가 주도가 되어 그 방향이 결정되었고, 그는 일본의 해외재산에 대한 처리 원칙을 정하고 이를 건의서로 작성했습니다. 하지만 일본 점령에 대한 우선적 권리를 주장하는 미국의 조정 때문에 대일배상요구에 대한 문제는 연합국 간의 이견으로 해결되기 어려웠습니다. 더욱이 배상에 참여하는 연합국의 당사자 자격도 논란의 여지가 있었습니다.

1946년 6월 18일 조선상공회의소는 대일배상을 조사하기 위해 아시아를 순방하는 폴리에게 군정장관인 러치(Arthur L. Lerch)를 통해 대일배상요구 청구원을 제출했습니다. 조선의 정치적 독립은 경제적 자립을 해야지만 구비할 수 있으므로 일본의 배상 없

---

2 이 연구는 이상덕의 배상요구 항목과 비교함으로써 당시 한국사회가 일정하게 인식하고 있던 배상에 대한 성격을 드러내고 있다. 장박진, 「전후 한국의 대일배상요구의 변용 - 미국의 대일배상 정책에 대한 대응과 청구권으로의 수렴」, 『아세아연구』 제55권 제4호, 2012.

이는 도저히 조선경제건설을 실현할 수 없다는 주장이었습니다. 조선상공회의소는 이를 위해 "현물배상 및 조선의 공사인公私人이 소유하고 있는 일본 공사채 기타 대일채권, 일본 내에 있는 조선인 소유 재산, 중국본토, 만주, 대만, 남양 기타 일본군 점령 하 지역에 소재하는 조선인 소유 재산, 일본의 본토 또는 점령 지대에 소유하는 군비시설과 군수품은 조선인의 강제노동에 의해 의한 것이니 이 가운데 조선의 공업건설에 필요한 자재는 배상으로 조선에 이전할 것" 등을 요구했습니다.

이 당시《동아일보》의 사설은 대일배상이 조선에 이루어져야 한다는 논리를 다음과 같이 주장하였습니다. "조선이 없이 일본의 대륙정책은 불가능하였고, 조선민족의 착취 없이 일본제국주의 군벌의 부강은 있을 수 없었으니 전재지구 중국 및 필리핀과 동렬로 일제로부터 해방된 조선, 대만 등의 부흥에 일본재산의 우선배상이 타당하다"는 것이었습니다.

1946년 11월 조선이 대對일본배상회의에 참여하지 못한다는 사실이 알려지자 이에 대해 본격적인 문제제기가 일어났습니다. 민족통일총본부와 한독당을 시작으로 한민당, 민주의원, 신진당 등이 대일배상문제에 대해 각각의 주장을 전개하였습니다. 1947년 극동위원회(Far Eastern Committee)는 대일배상의 수혜국을 연합국에 한정한다는 최종적 결정을 내렸습니다. 8월에 내려진 극동위원회의 결정에 따르면 연합국만이 일본에서 배상을 취득할 수 있는데 남조선은 극동위원회 참가국이 아니기 때문에 배상을 배분할 수 없으며, 또 남조선은 일본인이 남기고 간 재산의 취득으로 만족해야 한다는 것이었습니다. 배상금을 받을 수 있는 나라는 첫째로 일본에 대하여 선전포고를 한 국가이거나 둘째로는 대일강화조약에 참여하여 서명한 나라에 한限할 것으로 되어 있는 것이었습니다.

이미 1947년 3월 17일 연합국최고사령관(SCAP) 맥아더(Douglas MacArthur)는 그 결정을 지지하며 다음과 같은 기자회견을 하였습니다. "배상에 관해서 일본은 만주, 조선, 대만을 상실함으로써 이미 거액을 지불했다는 사실을 지적하고 싶다." 1947년 8월 13일 남조선과도정부南朝鮮過渡政府[3]는 정무회의에서 대일배상문제에 대처하기 위해 '대일배상요구조건조사위원회'를 조직하였습니다. 1947년 8월 22일 남조선과도정부 정무회의에서는 대일배상회의에 대처하기 위해 상무부장 오정수를 책임자로 운수부장(민희식), 재무부장(윤병), 체신부장(이훈구), 외무행정처차장(신기준), 중앙경제위원회사무장(김우평) 등 7개 부서를 중심으로 대일배상연구위원회를 설치했습니다. 1947년 가을 조사 작업에 관여한 과도정부 관계자, 실무관료, 은행관계자들은 대일배상요구가 일본을 징벌하기 위한 보복의 부과가 아니라, 피해 회복을 위한 필

---

3 남조선과도정부는 대한민국의 정부 수립 이전에 존재한 임시 정부로 1947년 2월 미군정청이 행정권의 민정이양을 위해 잠정적으로 설치했던 기구이다.

연적 의무의 이행이라는 논리를 공유하고 있었던 것입니다.

1948년 1월 11일 대일배상연구위원회는 6회에 걸친 회의를 통해 대일배상요구로 일본대장성에서 발행한 국채와 고의로 조선은행 금괴의 반환과 은급恩給, 징용자의 받지 못한 임금, 시세보다 낮은 가격으로 수출한 광석 대금의 차액금 등으로 그 조건을 구체화하였습니다. 1월 26일에는 운수부 관계 배상요구 자료도 논의하였습니다.

여기에 민간의 참여도 본격화되었습니다. 태평양전쟁당시 태평양 각 지구에서 징병·징용을 당했던 청장년으로 조직된 태평양동지회가 사단법인을 조직하여 대일배상청구의 자료를 연락기관을 통해 수집하였습니다.

하지만 대일배상문제를 둘러싼 문제는 더욱 복잡하게 되었습니다. 한국정부의 의도와는 다르게 1948년 2월 당시 미국 국무부 정책기획국 국장인 케난(George F. Kennan)이 일본을 방문하여 맥아더와 대일정책에 대한 미국의 정책을 조율했고, 이는 1948년 6월 NSC[4] 13으로 구체화되었습니다. 이는 일본에 대한 미국의 정책을 부흥으로 전환하는 것으로 일본에 대한 배상문제를 조기에 종결하고자 하는 것이었습니다.

1948년 2월 조사대책위원회는 제1차 심사를 완료했는데, 이 때 사정査定방법으로 일본이 물자를 박탈한 당시의 물가를 기준으로

---

4 NSC는 National Security Council로 미 국가안전보장회의를 말한다.

현물가로 환산하여 결정하기로 하였습니다. 1948년 8월 대한민국 정부수립을 눈앞에 두고 발표한 대일배상요구액 심사위원회는 대일배상요구 총액을 1945년 8월 9일 현 시세인 410여억 원 정도로 계상하였습니다. 이어서 1948년 9월 30일 이승만 대통령은 국회본회의 시정방침 연설에서 대일강화회의의 참여와 대일배상에 대한 정당한 권리를 주장할 것이라고 밝혔습니다.

1948년 10월 9일 대한민국정부는 대일배상요구자료를 완성하여 발표하였습니다. 재무부가 발표한 자료에 따르면 조선은 일본 단독의 강제적 행위에 의해 최대의 희생을 당한 피해자로써 대일배상요구가 일본을 징벌하기 위한 보복의 부과가 아니고 희생과 피해 회복을 위한 이성적 의무라고 주장했습니다. 요구액은 한국원화로 19,825,638,000원이었습니다. 상해上海달러도 4,000,000불이었고, 지금地金과 지은地銀은 각각 249,633,198瓦[5]와 89,112,205瓦였습니다. 그러나 이 요구 자료에는 식민지 지배 및 태평양전쟁에 의한 인적·물적 피해 및 일본의 저가수탈에 의한 피해는 제외되었습니다.

1948년 10월에 들어서 중일전쟁 및 태평양전쟁 유가족동인회가 대일배상요구 운동을 통해 진정서를 국회에 제출할 계획을 추진하기 시작했습니다.

이러한 가운데 1948년 12월 22일 대통령비서실은 상공부에 대

---

5 일본에서는 근대시기 서양의 무게 단위 그램을 들여와 와瓦로 표기했다.

일배상요구에 대한 세목을 시급히 제출할 것을 통보하였습니다. 이는 1948년 말까지 대일배상요구가 연합국 측에 제출되지 않는다면 배상에 대한 취득권이 상실된다는 소식에 따른 것이었습니다. 따라서 상공부는 과도정부 시절 대일배상연구위원회의 자료를 기초로 3일 만인 24일에 요구서를 작성하였으나 이는 연합국 측에 전달되지 않았습니다.

■ 대일배상요구조서란?

대일배상요구조서의 작성

1949년 2월 이순탁 기획처장의 총괄아래 기획처 기획국에 '대일배상청구 조사심의회'가 조직되었고, 위원회는 이미 재무부에서 작성한 대일배상요구조서를 근거로 '대일배상요구조서'를 작성했습니다. 이 조서는 조사의 지역적 범위를 38선 이남으로 국한, 1949년 9월 1일(현재)에 조사된 것입니다. 또한 정확한 조사통계를 위해 재무부와 체신부로 하여금 일본 은행권, 일본 국채, 우편저금 보험 기타 일본정부 및 그 대행기관에서 발행한 유가증권 등을 2월 말일까지 전국 각 은행이나 금융조합 또는 우편국에 등록하도록 요청했습니다.

1949년 3월 7일 그동안의 조사와 자료 수집을 통해 기획처는 대일배상요구액의 대강을 국무회의에 보고했습니다. 보고서에서 대일배상의 중점은 금·은·보석·미술품·서적·골동품·선박 등 현물배상과 채권·증권·주권·예금 또는 인적·물적(강제공출에 의한 것) 등 손해에 대한 것이었고, 이는 1945년 8월 9일 현재의 피해액을 기초로 1948년 12월 말일 시가에 의해서 평가한 것입니다. 다만 교통부, 국방부, 사회부, 상공부, 내무부 등 일부 부처의 조사가 완료되지 않아 배상 총액의 윤곽은 확실치 않으나 법무부, 재무부, 문교부, 농림부, 체신부 등 5개 부처의 조사에 따라 다음과 같이 제시했습니다.

법무부 : 약 2,000만원
재무부 : 1. 지금반환 249,633,198그램
　　　　 2. 지은반환 89,076,205그램
　　　　 3. 금전배상액 약 210억 원
문교부 : 약 30억 원
농림부 : 약 90억 원
체신부 : 약 1조 4,700억 원

한국정부는 1949년 3월 25일 대일현물배상요구 1차 목록을 맥아더사령부에 제출했습니다. 이 대일배상요구조서는 외무부에 의해 재작성되어 정식외교문서로 1949년 4월 7일 연합국총사령부최고사령관(GHQ/SCAP)에게 제출되었습니다. 하지만 1949년 5월 6일 미국 국가안전보장회의는 NSC 13/3을 채택하여, 일본에 대한 배상요구 중지를 결정했습니다. 이는 종전의 배상 이전 계획을 중지하고 모든 산업자원을 일본의 재건을 위해 사용해야 한다는 것이었습니다. 결국 1949년 연합국 배상계획안에 대한 최종안이 결정되었습니다.

1949년 10월 국무회의에서는 이미 2월에 완성된 제1부 현물배상이외에 각 부문별 요구조건을 구체화하였습니다. 우선 이 요구조건에 따르는 법적 기반은 다음을 기초로 하였습니다. 정부가 밝힌 내용은 다음과 같습니다.

1. 1910년부터 1945년 8월 15일까지의 일본의 한국지배는 한국국민의 자유의사에 반한 일본 단독의 강제적 행위로써 정의·공평·호혜원칙에 입각치 않고 폭력과 탐욕의 지배이었던 결과 한국과 한인은 일본에 대하여 여하如何한 국가보다도 최대의 희생을 당한 피해자인 것

2. 대한민국의 대일배상의 응당성應當性은 포츠담선언과 연합국 일본 관리정책 포레 배상사절단장 보고에 명시되어 있는 것임

3. 이러한 기본정신에 입각하여 한국으로서는 대일배상에 필요한 기본조사를 하여 배상 요구를 하게 될 것이다

이러한 조건에 따라 제2부 확정채권, 제3부 전쟁 중에 인적·물적 피해에 관한 것, 제4부 일정日政시에 저가수탈에 의한 손해 등으로 구성되었습니다.

1949년 12월 26일 기획처는 대일배상요구조사를 완료하여 최종보고서를 국무회의에 제출했습니다. 기획처가 제출한 보고서에 따르면 대일배상요구는 달러 환산 112억 9천만 달러에 달했습니다.

하지만 1949년 미국의 역코스(Reverse Course) 정책은 일본

의 배상 책임을 면제해 주는 쪽으로 급속히 선회하게 되었습니다. 따라서 그동안 준비해온 한국정부의 대일배상요구는 무산되는 방향으로 전개되고 있었습니다. 여기에 1950년 6월 한국전쟁의 발발은 정상적인 대일배상요구가 불가능하게 만들었고, 1952년 4월의 대일강화조약의 발효는 연합국을 통한 대일배상요구보다는 일본과의 개별교섭을 통한 대일청구권 요구로 변화하게 되었습니다. 1951년 시작된 한일국교정상화 회담은 이러한 상황 변화 속에서 시작되었습니다.

1951년 4월에 발표된 미국 측의 「대일강화조약 초안」에서는 원칙적으로 일본이 배상할 능력이 없다는 사실을 인정하고, 모든 청구권은 재외 자산의 처분 권한을 취득함으로써 완전히 해결된 것으로 간주한다고 규정했습니다. 1951년 5월 워싱턴에서 열린 대일강화조약에 관한 미·영 협의에서, 이번에는 영국이 한국의 강화조약 서명에 맹렬히 반발했습니다. 이러한 미국과 영국의 인식 배경에는 중대한 문제가 숨어 있었습니다. 그 배경에는 식민지 통치를 '합법적'인 것으로 인식하는 '제국의 논리'가 가로놓여 있었습니다. 또한 미국인은 '냉전의 논리'와 '납세자의 논리'를 내걸고, 일본인은 경제부흥과 '식민지근대화론'을 이유로, 한국인의 식민지 지배·전쟁의 피해에 대한 보상요구를 고려 대상으로부터 제외했습니다. 이원덕은 이러한 한일협정을 "본래 과거의 청산을 통한 전후처리에 그 중심적인 목적을 두고 있었음에도 '냉전의 논리'와 '경제의 논리'에 의해 끌려간 결과 전후처리 문제가 유보된 채 정치적인 흥정으로 타결되는 기이한 형태로 종결되고 말았던 것"이라고 평가하였습니다.[6]

대일배상요구조서의 주요 내용

대한민국 정부가 조사하여 최종 정리한 이 자료는 대한민국외무부정무국에서 발행한 것으로 총 523매이고 발행일자는 단기 4287년(서기 1954년) 8월 15일로 되어있습니다.[7]

그림 1 대일배상요구조서

6 이원덕, 「한일협정의 경과」, 민족문제연구소, 『한일협정을 다시 본다 – 30주년을 맞이하여』, 아세아문화사, 1995, 91쪽.
7 이상호, 「대일배상요구조서해제」, 『한일민족문제연구』 제35호, 2018.

이 책자는 1954년에 발행되었지만, 책 내용을 살펴보면 책자의 최종 완성은 1949년 9월 1일 조사된 것입니다. 서문에는 대일배상의 정당성을 밝히고 있는데 1. 포츠담 선언, 2. 연합국일본관리정책, 3. 폴리배상사절단 보고에 명시되어 있는 것을 근거로 하였습니다. 또한 대일배상청구의 기본정신으로 보복이 아닌 희생과 회복을 위한 공정한 권리의 이성적 요구라고 주장했습니다.

다음으로는 4부로 구성된 대일배상요구조서 가운데 일제에 의한 구체적 피해가 적시되어 있는 제3부와 제4부를 좀 더 자세히 살펴보도록 하겠습니다.

1) 중일전쟁 및 태평양전에 기인한 인적·물적 피해

제3부는 중일전쟁 및 태평양전쟁에 기인하는 인적·물적 피해로 다음과 같습니다.

1. 인적 피해	565,125,241엔
2. 물적 피해	11,326,022,105엔
3. 8.15전후의 일인日人 관리의 부정행위에 의한 손해	231,585,215엔

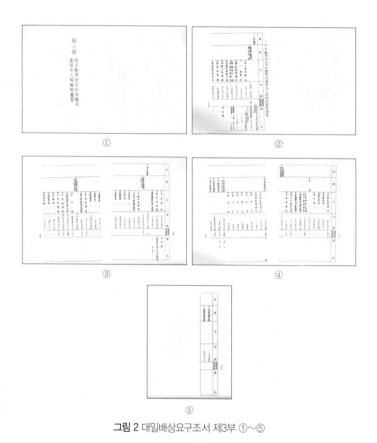

그림 2 대일배상요구조서 제3부 ①~⑤

　중일전쟁 및 태평양전쟁에 기인한 인적·물적 피해의 기준으로
는 일본정부의 관계 법령과 각 사업장의 급여 규정에 의해 미수금
을 산정하였습니다. 기본보조금, 특별보조금, 가족 수당 등은 일괄
하여 규정에 따라 1인당 1개월 평균 80엔으로 정하였으며, 징용기
간 연장 수당에 대해서는 1인당 평균 400엔으로 책정하였습니다.

당시 인적피해 조사에서 동원된 한국인들의 사망자를 위한 배상요구로는 사망조위금과 위자료로 구성되었습니다. 사망조위금은 보험금을 합하여 규정에 따라 1인당 5,000엔을 책정하고, 위자료는 전시 재해 수당, 기타 수당을 포함하여 1인당 10,000엔으로 정하였습니다. 조서에서는 전시 해당 노무자의 수를 105,151명으로, 사망자를 12,603명으로 추정 계산하였습니다.

인적 피해를 조사하기 위해 1946년 3월 1일부터 9월말까지 주한미군정청 보건후생부의 등록으로 조사가 이루어졌기 때문에, 1946년 10월 이후의 인원은 포함되지 않았습니다. 따라서 그 수가 현재 알려진 것보다 매우 적었음을 알 수 있습니다. 급히 이루어진 조사 때문에 그 내용이 충실하지 못했고, 또한 불법적인 강제동원에 대해서는 제대로 된 반영이 이루어지지 못했습니다.

물적 피해에 대해서는 남한 지역 전체를 대상으로 이루어졌으나, 주로 1947년도에 조사되었습니다. 특징적인 것은 물적 피해의 최소 요구액으로 부산지역의 적치물로 26엔을 요구하고 있습니다. 조서에 의하면 물적 피해 부분에는 기업정비령에 의한 피해가 포함되어 있습니다. 이는 일제가 군수품 생산 확충을 위해 다수의 소규모기업체를 통합 혹은 해체시키는 과정에서 입게 된 손해에 대한 배상요구입니다. 한 예로 부산지역에서는 1935년경부터 조선인 소규모 두전구豆電球인 크리스마스 전구생산 공장이 다수 있었고, 매년 생산량도 6,000만개에 달하며 이를 유럽 및 미주 각 지역에 수출하였으나, 1941년 기업정비령에 의하여 20여개 공장이 강제로 폐쇄되었습니다.

2) 일본정부 저가수탈에 의한 피해

제4부는 일본정부의 저가低價수탈에 의한 손해입니다. 적정한 가격이 아닌 강제적인 저가 매입에 의한 수탈을 의미합니다.

1. 강제공출에 의한 손해   1,848,880,437엔

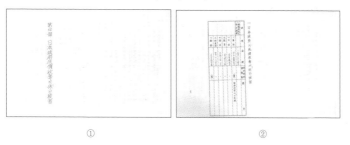

①   ②

그림 3 대일배상요구조서 제4부 ①~②

제4부는 일본정부가 저가로 매수함으로써 입은 피해 등을 종합한 것입니다. 여기에 가장 많이 공출된 것은 면화였습니다. 다음으로는 임산물林産物과 축우畜牛의 순으로 저가 공출 피해를 입었습니다.

제1부의 현물을 제외하면 당시 한국정부가 대일배상으로 요구한 총액은 314억 엔입니다. 다수의 연구자들이 공통적으로 인식하듯 당시 한국정부의 대일배상요구는 전쟁기 피해를 받은 것에 대한 전쟁배상의 성격을 갖는 것입니다.

■ 개인청구권과 기계적 합리주의

개인청구권은 소멸되었는가?

'반종' 저자들은 1965년 한일협정의 개인 청구권에 대한 한국 정부의 공식해설에 따라 이 권리가 소멸되었다고 지적하고 있습니다. 과연 그들의 주장이 사실인지 지금까지의 법원 판결문을 소개하며 설명 드리겠습니다.

2018년 10월 30일 대법원 전원합의체 판결은 그 이전 일제 강제동원 피해자의 일본기업을 상대로 한 손해배상청구 사건을 다루고 있습니다. 그 이전에 고등법원, 지방법원의 판결을 통해서 개인청구권에 대한 문제는 명확해졌습니다. 문제는 과연 개인청구권이 소멸되었는지에 대한 여부 그리고 소송을 제기한 당사자들이 보상을 받아야 하는지에 대한 것입니다.

대법원이나 고등법원의 판결문을 보면, 개인청구권의 문제는 일본 식민지배의 성격 규정으로부터 기인한다고 볼 수 있습니다. 법원은 일본의 한반도 지배를 불법적인 강점으로 규정하고, 이러한 불법적인 지배로 인한 법률관계는 대한민국의 헌법정신과 양립할 수 없기 때문에 그 효력을 배제한다고 규정하였습니다. 여기에 한일협정에 따른 청구권 협상은 식민지배 청산을 위한 협상이 아니라 샌프란시스코 조약 제4조에 근거하여 한일 양국 간의 재정적, 민사적 채권·채무관계를 정치적 합의에 의해 해결한 것으로 판단했습니다. 따라서 개인청구권이 소멸한 것이 아니고, 대한민국의 외교적 보호권도 존재하고 있다고 판시했습니다.[8]

청구권협정의 협상과정에서 일본 정부는 식민지배의 불법성을 인정하지 않은 채, 강제동원피해의 법적 배상을 원천적으로 부인하였고, 이에 따라 한일 양국 정부는 일제의 한반도 지배의 성격에 관하여 합의에 이르지 못하였는데, 이러한 상황에서 일본의 국가권력이 관여한 반인도적 불법행위나 식민지배와 직결된 불법행위로 인한 손해배상청구권이 청구권협정의 적용대상에 포함되었다고 보기는 어려운 점 등에 비추어 보면, 청구권협정으로 개인청구권이 소멸하지 아니하였음은 물론이고, 대한민국의 외교적 보호권도 포기되지 아니하였다고 보아야 한다.

즉 근대법 체제에서는 국민 개인의 동의 없이 국민의 개인청구권을 소멸시킬 수 없다는 점을 밝히고, 국가 간 조약을 통해 개인청구권을 소멸시키는 것이 국제법상 허용된다고 하더라도, 조약에 명확한 근거가 없는 이상 개인청구권까지 소멸되었다고 볼 수 없

8 대법원 2012. 5. 24. 선고 2009다22549 판결 [손해배상(기)등]〈일제 강제징용 사건〉[공2012하, 1084]

다고 규정하였습니다.

다음으로 법원은 기존의 강제징용 피해자에 대한 보상은 사망
자에 대한 보상만을 규정하였을 뿐이라고 지적하고 있습니다.[9]

> 대한민국은 청구권협정에 의해 지급되는 자금을 사용하기 위한 기본
> 적 사항을 정하기 위하여 1966. 2. 19. '청구권자금의 운용 및 관리
> 에 관한 법률'을 제정하고, 이에 이어 1971. 1. 19. '대일 민간청구
> 권 신고에 관한 법률'을 제정하여 10개월 간 국민의 대일청구권 신고
> 를 받은 결과 총 109,540건의 신고가 접수되었는바, 위 신고분에 대
> 한 실제 보상을 집행하기 위하여 1974. 12. 21. '대일 민간청구권 보
> 상에 관한 법률'을 제정하여 1975. 7. 1.부터 1977. 6. 30.까지 사
> 이에 총 83,519건에 대하여 총 9,187,693,000원의 보상금을 지급
> 하였고, 위 각 법률은 1982. 12. 31. 모두 폐지되었다. 그런데 앞서
> 본 법률들은 강제징용 피해자 중 사망자에 대한 보상만을 규정하였을
> 뿐이므로, 원고 등은 현재까지 어떠한 보상도 받지 못하고 있다.

또한 이후 2007년 희생자지원법에 의한 지원금에 대해서도 그
지급기준과 규정을 기술하였습니다.[10]

> 2007. 12. 10. 「태평양전쟁 전후 국외 강제동원희생자 등 지원에

---

9 부산고등법원 2009. 2. 3. 선고 2007나4288 판결 : 상고 [손해배상(기)등] 상고
  [각공2009상,641]
10 대법원 2018. 10. 30. 선고 2013다61381 전원합의체 판결 [손해배상(기)]〈일제 강
  제동원 피해자의 일본기업을 상대로 한 손해배상청구 사건〉

관한 법률」(이하 '2007년 희생자지원법'이라 한다)을 제정하였다. 위 법률과 그 시행령은, ①1938. 4. 1.부터 1945. 8. 15. 사이에 일제에 의하여 군인·군무원·노무자 등으로 국외로 강제동원되어 그 기간 중 또는 국내로 돌아오는 과정에서 사망하거나 행방불명된 '강제동원희생자'의 경우 1인당 2,000만 원의 위로금을 유족에게 지급하고, ②국외로 강제동원되어 부상으로 장해를 입은 '강제동원희생자'의 경우 1인당 2,000만 원 이하의 범위 안에서 장해의 정도를 고려하여 대통령령으로 정하는 금액을 위로금으로 지급하며, ③강제동원희생자 중 생존자 또는 위 기간 중 국외로 강제동원되었다가 국내로 돌아온 사람 중 강제동원희생자에 해당하지 못한 '강제동원생환자' 중 생존자가 치료나 보조장구 사용이 필요한 경우에 그 비용의 일부로서 연간 의료지원금 80만 원을 지급하고, ④위 기간 중 국외로 강제동원되어 노무제공 등을 한 대가로 일본국 또는 일본 기업 등으로부터 지급받을 수 있었던 급료 등을 지급받지 못한 '미수금피해자' 또는 그 유족에게 미수금피해자가 지급받을 수 있었던 미수금을 당시 일본 통화 1엔에 대하여 대한민국 통화 2,000원으로 환산하여 미수금지원금을 지급하도록 규정하였다.

그러면서 1975년의 보상이나 2007년 희생자지원법 및 2010년 희생자지원법이 모두 위로금의 성격을 갖는 것이라고 판단했습니다.[11]

---

11 대법원 2018. 10. 30. 선고 2013다61381 전원합의체 판결 [손해배상(기)]〈일제 강제동원 피해자의 일본기업을 상대로 한 손해배상청구 사건〉

2005년 민관공동위원회는 청구권협정 당시 정부가 수령한 무상자금 중 상당 금액을 강제동원 피해자의 구제에 사용하여야 할 '도의적 책임'이 있었다고 하면서, 1975년 청구권보상법 등에 의한 보상이 '도의적 차원'에서 볼 때 불충분하였다고 평가하였다. 그리고 그 이후 제정된 2007년 희생자지원법 및 2010년 희생자지원법 모두 강제동원 관련 피해자에 대한 위로금이나 지원금의 성격이 '인도적 차원'의 것임을 명시하였다. (중략) 이러한 상황에서 강제동원 위자료청구권이 청구권협정의 적용대상에 포함되었다고 보기는 어렵다.

따라서 한일협정에 따른 기존 3억 달러의 타결에는 그 식민지배의 불법성이나 요구액에 비추어볼 때 강제동원의 위자료 청구권이 포함되었다고 보기 어렵다고 판시했습니다. 그러므로 보상금이 충분히 지급되었다는 주장은 대한민국 법원의 판결문을 제대로 이해하지 못한 해석이라고 볼 수 있습니다.

누구를 위한 학문인가?

'반종' 저자들에 따르면 한국의 대일 청구권과 일본의 재한 재산청구권이 상쇄하므로 개인 청구권이 존재하지 않는다고 언급하고 있으나, 이는 미 국무부의 국가배상 청구권에 대한 주장을 인용한 것으로 개인청구권과 혼용하여 사용함으로써 독자들을 오도誤導하고 있습니다. 또한 피징용노무자의 미수금에 대해 한국 측이 요구한 금액이 중복 집계 되었다고 주장하고 있지만, 이는 당시 한국 측의 피징용노무자의 통계 자료가 9개월의 단기간의 조사로 인해 충분히 자료 수집을 하지 못했다는 것을 간과한 판단으로 보입니다. 저자들은 단지 일본 측의 주장을 그대로 인용함으로써 애당초 청구할 게 별로 없다고 주장하는 것입니다. 친일맹신주의의 또 다른 폐해입니다. 현재의 잣대로 과거를 비난하려면 평가자에게도 양심적 역사해석이 필요함은 주지의 사실입니다. 그런 논리라면 일제 강제병합도 합리적인 국제관계 협약이라고 주장해야 할 것입니다.

한국학계의 사회과학은 주로 미국과 일본에서 배워오는 형편입니다. 국적 없는 학문이 얼마나 허망한지를 '반종' 저자들은 여실히 우리에게 그 맹점을 보여주고 있습니다. 통계에 집착한 기계적 합리주의가 과연 학문인지 되돌아보게 합니다.

참고 문헌

박진희, 『한일회담 – 제1공화국의 對日정책과 한일회담 전개과정』, 도서출판 선인, 2008.

오오타 오사무 지음·송병권, 박상현, 오미정 옮김, 『한일교섭 – 청구권문제 연구』, 도서출판 선인, 2008.

원용석, 『韓日會談十四年』, 을유문화사, 1965.

俞鎭午, 『韓日會談 –第1次 會談을 回顧하면서–』, 외교부 외교안보연구원, 1993.

이상호, 「대일배상요구조서해제」, 『한일민족문제연구』 제35호, 2018.

이원덕, 『한일 과거사 처리의 원점 – 일본의 전후처리 외교와 한일회담–』, 서울대학교 출판부, 1996.

장박진, 「전후 한국의 대일배상 요구의 변용 – 미국의 대일배상 정책에 대한 대응과 청구권으로의 수렴」, 『아세아연구』 제55권 제4호, 2012.

정혜경, 『터널의 끝을 향해 – 아시아태평양전쟁이 남긴 대일역사문제 해법 찾기–』, 도서출판 선인, 2017.

제2부

자료로 검증한
역사부정과 왜곡

역사부정을 논박하다
– 자료로 검증하는 다섯 가지 이야기

정혜경

일일이 논박할 가치는 없으나
노무동원은 자발적이고 강제가 아니었다?
근로자? 노동자? 노무자? 징용공?
임금은 제대로 받았다?
엎드리고 누워서 일할 필요가 없었다?
강제연행설은 명백한 왜곡?

■ 일일이 논박할 가치는 없으나

이제부터는 자료에 근거해 『반일종족주의』 제5·6·7장(이우연 집필, 이하 집필자)에 대해 검증해보고자 합니다.

제5·6·7장의 주제는 노무동원입니다. 집필자는 "1939년 9월부터 1945년 8월 15일까지 약 6년간 전쟁 중에 일본으로 건너가 노동을 했던 73만여명의 조선인 근로자"로 특정했습니다. 기간과 지역과 규모 모두 일부로 국한했습니다. 기간과 지역, 규모, 직종을 특정한 것부터 집필자가 일본 전시체제기 인력동원의 전체 상황을 이해하지 못하고 제한적 시각을 가지고 있음을 보여주고 있습니다.

제1부에서 상세히 언급했지만 복습한다는 생각으로 다시 살펴보도록 하겠습니다. 혹시 제1부에서 보았던 지도를 기억하시나요. 지도의 붉은 표시가 있는 곳은 한반도만이 아니라 아시아와 태평양의 지역입니다. 일본 전시체제기에 동원한 대상은 일본과 한반도를 포함한 아시아와 태평양지역의 사람·물자·자금이었습니다. 이에 따라 조선인도 한반도와 아시아태평양지역으로 동원되었습니다. 그러므로 일본으로만 동원되었다고 생각하는 것은 일본이 운영한 전시체제를 이해하지 못한 것이지요.

강제동원을 일본지역으로 국한해서 보려는 인식은 한국과 일본

사회가 벗어나야 할 과제입니다. 강제동원은 아시아태평양지역 민중이 함께 평화의 가치를 고민해야 하는 문제입니다. 또한 전쟁피해의 문제는 회복해야 할 인류 보편의 가치이지 민족 감정의 문제가 아닙니다. 일본지역으로 국한해서 보게 되면, 강제동원은 한일간 민족문제에 그쳐 버리고, 전쟁피해의 문제는 한일간 감정 싸움으로 남습니다. 반일감정을 질타하는 내용의 책을 내면서 반일감정에서 벗어나지 못하는 모순은 제5·6·7장 집필자 스스로 되돌아보아야 할 점이겠지요.

또한 집필자가 대상으로 삼은 1939년 9월은 일본 내각이 일본지역 조선인 동원을 결정한 시기입니다. 그렇다면 일본지역이 아닌 다른 지역의 동원 시기는 어떠했을까요. 당시 남양군도라 불렀던 중부 태평양은 1939년 1월부터 동원을 시작했습니다. 한반도는 더 이른 시기부터 모집과 근로보국대의 동원이 있었습니다. 1938년 6월 조선총독부 오노大野 정무총감이 근로보국대 동원을 위한 통첩을 내렸고, 통첩을 근거로 7월부터 근로보국대를 조직했습니다. 정무총감이란 "총독을 보좌하여 조선총독부의 업무를 통괄하며 각 부국部局의 사무를 감독하는 자"입니다. 지금으로 따지면 국무총리에 해당하겠지요. 그러한 위치에 있는 사람이 내린 통첩이니 영향력이 얼마나 높았을지 상상할 수 있습니다. 이같이 중부 태평양이나 조선으로 강제동원을 시작한 것은 모두 1939년 9월 이전입니다.

집필자는 노동실태 부분에서 탄광만을 대상으로 했는데, 탄광과 광산의 작업 과정에 대한 차이를 이해하지 못하고 있습니다. 물론 탄광과 광산·군수공장·토목건축현장 등 직종별 노동환경의 차이도 전혀 파악하지 못하고 있지요. 그러므로 조선인의 탄광 탈출 이유를 "근로 여건이 더 좋은 건축현장으로 가기 위해서"라고 오판하는 것입니다. 토목건축공사장은 탄광 만큼이나 힘든 노동현장입니다. 일본 노동사에서 홋카이도의 토목공사장 노무관리 제도인 다코베야를 감옥방이나 노예노동이라고 평가하는 이유가 무엇인지 모르고 하는 주장입니다.

그런데도 집필자는 자신이 잘못 알고 있는 내용을 오히려 학계의 역사왜곡이라 규정하며, 강제동원의 역사를 부정하는 근거로 삼았습니다. 또한 학계나 사회단체가 의도적으로 왜곡을 확산하는 듯이 표현했습니다. 연구자들을 "박경식의 해석을 추호의 의심도 없이 그대로 받아들이는", 받아쓰기나 하는 사람들로 폄하하고, 문장 하나하나에 집요할 정도로 반복해서 강조했습니다.

이같이 일본 전시체제기 인력동원 연구자의 입장에서 볼 때, 제5·6·7장은 모순과 왜곡의 덩어리이자 스스로 드러낸 불성실함의 증거입니다. 구체적인 근거를 제시하지 못하고 주장만 난무하며, 이미 공개된 다양한 자료를 확인하지 않고 억측과 궤변으로 대신했습니다. 제5·6·7장 집필자에게 필요한 것은 스스로 성실한 연구를 통해 답을 찾는 작업이라고 생각합니다. 그러므로 이에 대해 일일이 논박하는 것은 의미가 없고 소모적입니다. 그러나 역사에 관심을 가진 독자들의 궁금증을 해소하는 역할도 연구자의 몫이기에 제2부에서는 다섯 가지를 살펴보겠습니다.

■ 노무동원은 자발적이고 강제가 아니었다?

- 길게 잡아 징용은 1944년 9월부터 1945년 4월경까지 약 8개월 동안 단기간에 실시(69쪽)
- 징용 이전인 1939년 9월부터 실시한 모집과 관알선에는 법률적 강제성이 없었다. 조선인이 응하지 않으면 그만(69쪽)
- 조선인 노무동원을 전체적으로 볼 때, 기본적으로는 자발적이었고 강제적인 것이 아니었다. 강제연행이었다고 말할 수 없다.(70쪽)
- 업무 중 구타와 같은 전근대적 노무관리가 전혀 없지는 않았으나 일본인에게도 마찬가지였다. 생활은 대단히 자유로웠다.(79쪽)

제5·6·7장 집필자가 구체적인 자료를 제시하지 않았으므로 무슨 근거로 하는 주장인지는 알 수 없습니다. 그렇다면 상식적 질문을 두 가지 해보도록 하겠습니다.

첫째, 강제적이지도 않고 자발적인데 왜 많은 조선인들은 조선 땅에서부터 탈출했는가.

1939년부터 조선 민중의 이탈은 시작되었습니다. 제1부에서 설명한 바와 같이 1939년 탈출자는 5.2%인 2천 명이었으나 1940년에는 37.2%로, 1943년에는 40%로 늘었습니다.

탈출 시도는 일본 땅에 도착해도 그치지 않았습니다. 광산으로 가는 도중에 수송 열차에서 뛰어내리다 목숨을 잃은 청년도 있었습니다. 경북 영천 출신의 청년 가산술봉(창씨 이름이므로 본명은 알 수 없음)은 1942년 11월 7일 후쿠시마福島 현에 있는 이리야마入山 채탄(주)으로 동원되던 중 이바라키茨城현 이소하라磯原 부근에서 기차에서 뛰어내리다 두개골 골절로 사망했습니다. 탈출을 시도하다 일어난 사고였지요. 『일제하피징용자명부』라는 자료에 나오는 내용입니다.

『일제하피징용자명부』는 1992년 12월 한국 정부가 인수한 자료인데, 일본 시민단체가 수집한 자료입니다. 총 3권의 책에 일본기업별로 17,107명(국가기록원 파악)의 명단이 들어있습니다.

또한 1939년부터 1942년까지 일본에 동원한 조선인 가운데 25만 7,907명이 현장에서 탈출을 시도했습니다. 1939년의 2.2%에서 1940년에는 18.7%, 1941년에 34.1%, 1942년에 38.3%, 1943년에는 39.9%에 달했습니다. 일본 내무성 경보국이 만든 『특고월보特高月報』와 『사회운동상황社會運動狀況』이라는 자료에 나오는 통계입니다. 모두 경찰이 생산한 자료입니다.

조선인들이 탈출한 구체적인 이유는 제1부에서 설명했습니다. 그러나 구체적인 이유를 모른다 해도 누구나 대답할 수 있습니다.

왜 탈출했을까요?

자발적 선택이 아니었기 때문입니다. 자유롭지 않았기 때문입니다. 최소한 조선에서 탈출한 5.2%, 37.2%, 40%는 강제적으로 집을 떠나야 했던 이들입니다. 그리고 자발적으로 선택하지 않은, 즉 출발 단계부터 강제로 집을 떠나야 했던 이들은 1940년에 대폭 늘어났습니다. 1939년에 94.8%가 일본으로 떠났으나 바로 다음 해인 1940년에는 62.8%만이 국외 동원지역으로 출발했기 때문입니다.

이에 대해 집필자는 "징용된 조선인 중 많은 수가 근로 여건이 더 좋은 곳으로 도망했다"(69쪽)고 언급했습니다. 처음부터 기획했다는 주장입니다. 그런 사람도 있을 수 있습니다. 그러나 그것은 일본 현지 탈출자에 해당하는 주장입니다. 부산에서 연락선을 타기 전에 탈출한 이들은 어떻게 설명할 수 있나요. 5.2%, 37.2%, 40%는 모두 한반도에서 탈출했습니다.

둘째, 왜 '퇴사'가 아니라 '도주'인가.

당시 모든 일본 정부와 기업의 자료는 현장 이탈자를 '도주'로 명시하고 있습니다. 여기 일본 미쓰비시광업(주)이 운영했던 니가타新潟현 사도佐渡광업소의 자료를 봅시다. 학술지에 공개된 자료입니다.

〈표 2〉 사도광산에 동원된 조선인 광부 현황(1943년 6월 기준)(단위 : 명/%)

내용/연월	1940년 2월	1940년 5월	1940년 12월	1941년 6월	1941년 10월	1942년 3월	합계(%)
경로(모집,관알선)	모집	모집	모집	모집	모집	모집	
출신군	논산	논산, 부여, 공주	논산, 부여	논산, 부여, 연기	청양, 논산	청양	–
이입수	98	248	300	153	127	79	1,005명
고용기간(연)	3	3	3	2	2	2	–
사망	1	3	0	3	2	1	10(1.0)
도주	14	46	51	19	12	6	148(14.7)
공상公傷 송환	2	0	1	2	1	0	6(0.6)
사증私症 송환	8	10	6	4	0	2	30(3.0)
불량 송환	6	12	3	3	1	0	25(2.5)
일시 귀국	2	29	31	5	5	0	72(7.2)
전출	1	31	74	24	0	0	130(12.9)
감원 총수	34	131	166	60	21	9	421(41.9)
현재수	64	117	134	93	106	70	584(58.1)
계속이입수속	완료	완료	–	완료	–	–	–

자료 : 佐渡鑛業所, 「半島勞務管理ニ就テ」(1943년 6월), 『在日朝鮮人史硏究』12, 1983, 92쪽

사도광업소는 1939년 2월부터 조선인을 동원했습니다. 1943년 6월 광업소가 작성한 자료에서 동원 경로는 모두 모집입니다. 제 5·6·7장 집필자 주장에 따르면, '모집은 법률적 강제성이 없었'으므로 마음대로 퇴사할 수 있어야 합니다. 그러나 이 자료에서 '퇴

사'라는 단어는 볼 수 없습니다. 사도광업소만이 아닙니다. 어떠한 기업과 일본 정부의 자료에서도 '퇴사'는 찾을 수 없습니다. '도주'만이 있을 뿐입니다.

일반적으로 일본 당국과 기업은 동원된 지 1년 이내 탈출자에 대해서는 경찰과 공권력을 이용해 잡아들이고, 폭력을 가했습니다. 기업과 당국이 탈출자를 잡아들이는 과정을 담은 자료는 셀 수 없이 많습니다. 개중에는 폭력으로 인해 목숨을 잃기도 했습니다. 많은 사례 가운데 이재상이라는 청년을 살펴볼까요.

암성재상岩城在祥(1922년생, 경남 양산군 출신)

1943년 9월 20일 홋카이도탄광주식회사 헤이와平和탄광 소속 마야치真谷 지갱地坑에 동원

마야치 제1 협화료協和寮(료=합숙소)에 수용되어 있다가, 1944년 5월 17일 오전 2시경 도주하던 중 적발되어 목재로 앞이마를 얻어맞아 유바리夕張탄광의 광산병원으로 후송되었으나 오후 9시 30분 사망

함께 도주한 금본선덕金本仙德(김선덕)은 붙잡히고 암성혜호岩城惠鎬(이혜호)는 격투를 벌이는 사이에 도망

회사 측은 암성재상의 죽음에 대해 '절대로 비밀에 붙이고 공표公表하지 말 것'으로 하고, 붙잡은 김선덕이 진상을 폭로할 우려가 있으므로 경찰서에 유치한 뒤 기회를 보아 북방北方으로 연행하기로 함.

이재상의 고향에는 도주 중 산속에서 부상을 당해 치료 중에 심장마비를 일으켜 사망한 것으로 통보하기로 하고, 만약 경찰에 조회요청이 있을 시에는 같은 내용으로 보조를 맞추도록 연락을 취함

홋카이도탄광주식회사가 작성한 『쟁의관계爭議關係』라는 자료철에 들어있는 문서「이입반도인에 대한 상해치사사건 발생에 관한 건」(1944년 5월 24일 작성)의 내용입니다. 이재상과 동료 3명이 현장을 탈출했는데, 모두 붙잡혀서 1명은 매 맞아 죽고 다른 1명은 탈출했다는 내용입니다. 사망한 이재상은 1943년 9월에 홋카이도로 동원되었으니 '징용'된 사람이 아닙니다. 그런데 자유롭게 탄광을 떠나지 못하고 맞아 죽었습니다. 그리고 회사 측은 이 사실을 은폐하기 위해 동료를 북방으로 보내려고 했지요. 북방은 아마 지시마千島열도나 남사할린이었을 것입니다.

다시 한번 묻습니다. 생활이 자유로웠고 강제가 아니었다면 당당히 퇴사할 수 있어야 하는데 왜 퇴사를 허용하지 않았을까요. 퇴사가 아닌 도주라 해서 죄라도 지은 사람인 듯 취급했을까요. 그리고 도주자를 잡아내서 죽음에 이르도록 했을까요. 자유가 아니라 강제적 상태였기 때문입니다.

자유로웠다는데 자유롭게 고향으로 돌아왔을까?

이번에는 좀 세부적인 문제를 제기해보도록 하지요. 모집규정에 따르면 1939년에 모집으로 집을 떠난 이들은 1941년에 돌아와야 합니다. 형식적이긴 하지만 기간은 2년이었기 때문입니다. 이들이 자발적이었다면, 그리고 본인이 원한다면, 2년 후에 집으로 돌아올 수 있어야 합니다. 이들은 2년 후에 어떻게 되었을까요.

다음 자료는 1941년 10월 1일 조선총독부가 일본에 모집 간 조선인들에게 보낸 편지입니다.

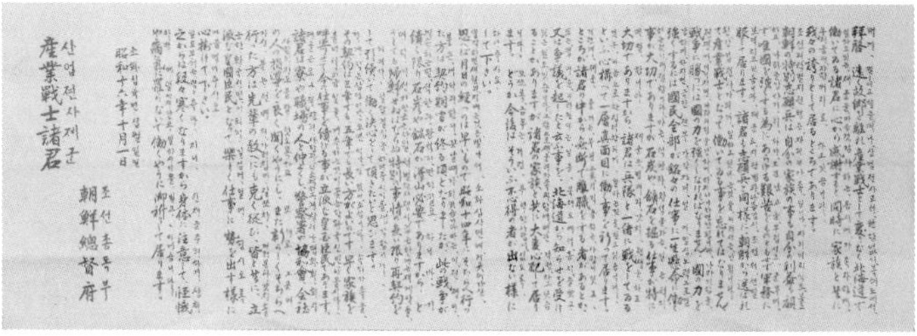

昭和十六年十月一日

朝鮮總督府

産業戦士諸君

그림 1 편지(국무총리 소속 대일항쟁기 강제동원피해조사 및 국외 강제동원 희생자 등 지원위원회, 『조각난 그날의 기억』, 2012)

1939년에 떠난 이들에게 집으로 돌아올 생각은 하지도 말고 산업전사로서 책임감을 가지고 일하라는 내용입니다. '비록 기한이 되었다 해도 전쟁이 계속되는 한 노동력은 계속 필요하니 재계약을 하라'면서, 경찰서와 협화회, 회사의 지도를 잘 받으라고 당부하고 있습니다. 이 지도(?)란 무엇을 의미할까요. 아무래도 경찰이나 회사, 협화회의 말을 잘 들으라는 표현이겠지요.

조선총독부가 보낸 것은 편지입니다. 공문이 아닌 편지였으므로 아무런 영향력이 없었을까요. 절대로 그렇지 않았을 것입니다. 조선총독부는 일본 천황에 직속해 2천 5백만 조선인을 통치하던 공식기관이었습니다. 그러한 조선총독부가 홋카이도에 공출한 조선인들에게 편지를 보냈다는 것은 총독의 개인적인 행위가 아니라 공적인 행위입니다. '조선으로 돌아오지 말고 계약을 2년 더 연장하라'는 조선총독부의 공식 입장을 편지라는 형식을 통해 전달한 것입니다. 기업은 조선총독부의 편지를 조선인들의 계약을 갱신하는데 활용했을 것입니다.

다른 자료도 살펴보겠습니다.

> "도쿠다 : 계약기간은 2년인데, 그러면 돌아간 것입니까?
> 오타 : 갱신했지요. '본인의 희망'에 따라서요. (웃음소리)
> 요시카와 : 갱신이라고 강하게 말하네요."

1958년 홋카이도 도립노동과학연구소가 주최한 좌담회 발언록입니다. 참석자는 유베쓰雄別탄광 소속 모시리茂尻 광업소원 5명과 노동과학연구소원 3명이었습니다. 좌담회 발언록은 1958년 3월 25일자『연구조사보고 제12권 - 석탄광업의 광원 충족 사정의 변천』이라는 보고서에 실렸습니다. 발언록은 '본인의 희망'에 강조 표시를 했고, 오타는 이 이야기를 하면서 웃었습니다. 본인의 희망이 어떤 과정으로 이루어졌는지 알 수 있는 대목입니다. 본인의 희망을 가장한 강제적 방법을 사용한 것이지요.

또한 당국이 허가하지 않는 한 조선인들은 고향으로 돌아갈 수 없었습니다. 고향으로 돌아오려면 연락선을 타야 하는데, 연락선을 타려면 당국의 허가가 있어야 합니다. 허가를 받지 않은 조선인들이 무슨 수로 고향으로 돌아갈 수 있었겠습니까.

이같이 설득이든 권유든 강요이든 조선인을 고향으로 돌려보내는 권한은 당국과 기업이 가지고 있었습니다. 자유로웠다는 주장과 맞지 않습니다.

이번에는 일본 당국 측의 자료를 살펴보겠습니다. 제1부에서 소개한 출장복명서입니다. 일본에서 식민지 행정을 관할하는 내무성 관리국은 1944년 6월 조선의 민정 동향 및 지방행정 현황을 조사하기 위해 직원을 조선에 출장 보냈습니다. 조선에서 납치 방식으로 동원하거나 무리한 노무관리로 인해 탈출자가 증가하고 동원업무가 원활하지 않다고 판단했기 때문입니다.

조선에 출장을 다녀온 직원은 7월 31일 내무성에 출장복명서를 제출했는데, '조선인이 일본 도항을 기피하는 네 가지 원인' 가운데 세 번째로 기간 만료 문제를 꼽았습니다. **"기간 만료에 따라 귀향할 수 있다는 기대가 배신당하는 문제"** 때문이라는 것이지요. 계약 기간이 만료된 조선인을 집으로 보내지 않는 실태를 잘 지적했습니다.

■ 근로자? 노동자? 노무자? 징용공?

• 1939년 9월부터 1945년 8월 15일까지 약 6년간 전쟁 중에 일본
으로 건너가 노동을 했던 73만여명의 조선인 근로자(67쪽)

근로자인지 노동자인지를 이해하기 전에 노동자의 의미를 살펴
보겠습니다.

노동자, 한국에서 노동자의 한자는 노동자勞動者이고, 일본에서
는 노동자勞働者입니다. 가운데 글자가 차이가 있지만 '움직일 동動'
이 들어있는 것은 공통점입니다. 사전을 찾아보면 "자신의 노동력
을 제공하고 대가로 받은 임금賃金으로 살아가는 사람, walker"입
니다. 조금 더 상세한 내용을 들여다보도록 하겠습니다.

"노동자는 자본주의의 사회경제체제하에서 일하는 특정한 사람들을
지칭한다. … 단순히 노동하는 모든 사람을 가리키는 것이 아니고,
자본주의라는 특정한 역사시대에 노동시장이라는 특수한 사회경제구
조 안에서 일하는 임금노동자를 의미한다. 다시 말해 옛날의 노예나
농노 또는 농민이 모두 노동하는 사람임에는 틀림이 없으나 노동자라
고 하지 않으며, 자본주의 사회에서 노동력의 제공 대가로 임금을 받
는 사람들만을 노동자라 부른다."

이같이 노동자는 노예나 농노처럼 사람에게 매인 존재가 아닙니다. 고용주와 계약관계를 통해 임금을 쟁취하는 존재입니다. 그러므로 파업은 노동자가 노동조건을 유리하게 하기 위해 하는 당연한 권리 행사입니다.

그런데 노동자라는 용어를 사용할 수 없었던 시절이 있었습니다. 일본이 전쟁을 일으키고 국가총동원체제를 가동하던 시절이었습니다. 1937년에 일본노동조합인 일본노동총동맹은 '성전聖戰에 협력하기 위해 파업 절멸을 선언'하고 1940년에 자진 해산했습니다. 절대로 파업을 하지 않겠다는 선언이니 노동자의 권리를 스스로 포기한 셈이지요. 그 시절에 노동자는 노동자의 권리를 행사하지 못하고 고용주와 계약관계를 유지하지 못한 채 일방적으로 부림을 당했습니다.

당국은 노동자의 자리를 노무자와 근로자로 채웠습니다. 노동자가 주체적 개념의 용어인데 비해, 노무자는 수동적 개념의 용어입니다. 권리는 없고 노동해야 할 의무만 남았다는 의미입니다. 당시 조선총독부의 노무동원 담당 부서의 이름에서도 '노동'은 없었습니다. '노무'와 '근로' 뿐이었습니다. 가끔 문서에서 노동자를 사용하기는 했으나 권리를 가진 노동자를 의미하는 것은 아니었습니다.

일본이 1944년말 동남아시아와 태평양 등 해외 전쟁터를 모두 잃고 폐색이 짙어 본토결전을 준비하던 1945년 초부터는 노무자 대신 근로자라는 용어가 나타났습니다. 본토에서 사생결단을 내야

하는 상황이어서 군수물자 생산은 시급한데 인력은 너무도 부족했습니다. 당국의 입장에서 볼 때, 어렵게 데려온 사람들도 일을 열심히 하지 않는 것처럼 여겨졌습니다. 노무자라는 말로 의무를 강조하는 것으로는 생산성을 채찍질하기 어려웠습니다. 그래서 생각한 것이 황국근로관입니다.

황국근로관의 핵심은 노동이 '황국민의 봉사활동'이나 '신도神道 실천'을 위한 '환희'라는 것입니다. 당국은 '서양 사람들은 돈을 받아야 일을 하지만 일본 국민은 천황 폐하에 대한 충성심으로 일한다'고 주장하며 도덕적으로 일본이 유럽보다 우월하다고 했습니다. 부려먹기 위해 내세운 꼼수였지만 힘없는 민중들은 거역할 수 없었습니다. 이렇게 탄생한 단어가 바로 근로자입니다. 제5·6·7장 집필자는 이런 의미를 알고 '근로자'라고 표현한 것일까요. 아마 그저 '노무자'의 존재를 부정하려는 의미로 사용했을 것입니다.

이 대목에서 노동자 이야기를 하나 더 하고 넘어가겠습니다. 침략전쟁 당시 사라졌던 '노동자'를 다시 소환한 이가 있습니다. 아베 신조安倍晋三 총리입니다. 2018년 11월 1일 아베 총리는 "이번 재판에서 원고가 모집에 응했다고 밝히고 있다는 점에서 '조선반도(한반도) 출신 노동자' 문제라고 말하는 것"이라고 발언했습니다. 이 발언 이후 일본 정부 당국자들은 '노동자'를 공식 용어로 사용하고 있습니다.

그동안 일본 정부 당국자가 '모집에 스스로 응했기 때문에 징용이 아니'라고 발언한 적은 여러 번 있었습니다. 그런데 이번에 아베 총리는 '노동자'를 사용했습니다. 이유가 무엇일까요. 역시 당시 사용했던 '징용공'이나 '노무자'라는 용어를 부정하기 위한 꼼수겠지요.

■ 임금은 제대로 받았다?

- 임금은 정상적으로 지불되었다. 분명 강제저축은 있었지만 그것은 일본인도 마찬가지였다. 그리고 2년의 계약기간이 끝나면 정상적으로 이자와 함께 저축액을 모두 인출했고 조선에 있는 가족에게 사고없이 송금할 수 있었다. 임금은 기본적으로 성과급이었고 일본인보다 임금이 높은 경우가 많았다. 일본인보다 임금이 낮은 경우는 대부분 조선인들이 탄광 작업의 경험이 없어 생산량이 적었기 때문이다.(78쪽)

- 일본인과 조선인을 가리지 않고 임금은 정상적으로 지불되었다. 공제금은 일본인보다 많았다. 조선인은 기숙사에서 생활했으므로 식비 공제금이 일본인보다 많았다. 저금도 일본인보다 많았으나 인플레를 예방하려는 의도였다. 공제금은 조선인이 58원으로 일본인의 26원보다 월등히 많았고, 저금도 조선인의 금액이 많았으므로 현금으로 인도되는 금액은 조선인과 일본인 사이에 큰 차이가 있었다. 그럼에도 조선인은 임금의 4할 이상을 직접 건네받았고 그 돈으로 소비를 하거나 송금할 수 있었다.(88, 96쪽)

전시체제기의 임금 체제를 평시와 같다고 생각하는 것은 상식에 맞지 않습니다. 노동자가 아닌 노무자와 근로자의 시절, 임금의 책정 기준이나 권한을 기업이 행사하던 시절에 임금은 노무자에게 의미가 없었습니다.

1939년과 1940년 조선인들은 '돈을 벌 수 있을 것'이라 생각했습니다. 그러나 현장에 도착한 후 '돈벌이'의 희망은 포기했습니다. 주면 그만이고, 안 줘도 할 수 없는 상황이었습니다. 제대로 일한 대가를 받은 이들은 극소수였습니다. 직접 만난 많은 노무동원 경험자들은 한결같이 "돈은 무슨? 목숨이나 건져서 오면 다행이지"라고 반문했습니다. 전쟁이 끝나고 고향으로 돌아갈 때, 비로소 임금을 달라고 했지, 일하는 동안에는 엄두도 못 냈다고 했습니다.

일본 전시체제기에 조선인이 파업과 폭동을 일으킬 때에도, 임금 인상을 요구한 적은 거의 없었습니다. 1939년과 1940년에는 임금이나 대우개선 요구가 있었으나 이후에는 주로 노무 담당자의 폭행과 식량 빼돌리기 문제 개선을 요구했습니다.

물론 감독에게 찾아가 임금이 적다고 투덜댄 철없는 어린아이는 있었습니다. 1930년 7월 충남 부여군에서 태어나 1944년 가을, 홋카이도 미쓰비시광업 소속 신시모카와新下川광산으로 끌려간 태순이라는 소년입니다. 징용을 피해 달아난 형님 대신 열네 살 나이로 광산에 간 태순은 갱 밖에서 돌을 고르는 일을 했습니다.

회사는 태순의 임금을 하루 50전씩 계산해주었습니다. 대부분은 한 달에 10원 정도 받았고, 제일 많을 때는 18원을 탄 적도 있었다고 합니다. 월급을 받으면 회사 안의 판매점에 가서 몽땅 다 사 먹었습니다. 밥이 너무 부족했기 때문이었다고 해요. 고향에는 딱 한 번 100원을 보낸 적이 있을 뿐입니다. 그런데 어느 날 선광장에서 같이 일하는 일본 여성들과 이야기를 나누다가 자신의 월급이 그녀들 보다 훨씬 적다는 것을 알았습니다. 어느 날, 소년은 용기를 내서 감독에게 왜 여자들보다 적게 주냐고 따졌는데 '네 나이와 여러 가지를 봐서 그런 것이니 앞으로 일만 빨리빨리 하면 더 준다'고 했습니다. 더 이상은 요구하지 못했다고 합니다.

이렇게 회사에서 알아서 주는 대로 받는 것이 당시 임금이었습니다. 그런데 집필자는 "정상적으로 지불"되었다고 표현했습니다. 주는 대로 받는 것이 정상적이라는 의미인지 알 수 없습니다.

집필자는 인도금액에서 민족별 차별이 있었다고 인정했습니다. 그러면서도 거듭 '정상적 지불'이라고 주장합니다. 무엇이 정상적인지 알 수 없습니다.

또한 "조선인은 임금의 4할 이상을 직접 건네받았고 그 돈으로 소비를 하거나 송금"했다거나 "2년의 계약기간이 끝나면 정상적으로 이자와 함께 저축액을 모두 인출"했다고 언급했습니다. 모두 근거 없는 주장일 뿐입니다. 근거 없이 하는 이야기는 주장입니다. 연구자라면 주장만 내세우지 말아야 합니다.

앞에서 언급한 1944년 6월 내무성 관리국이 파견한 직원의 출장복명서를 다시 한번 살펴보겠습니다. 출장복명서는 조선인이 일본 도항을 기피하는 네 가지 원인 가운데 첫 번째로 "가족에 대한 송금이 아주 적거나 전혀 없다는 문제"를 꼽았습니다. 송금문제를 조선인이 동원을 거부하는 데 영향을 미친 가장 중요한 원인이라 판단한 것입니다. 또한 일본으로 가족이 동원된 가정의 생활이 극심하다는 실정을 소개하고, 특히 노무자의 급여를 회사 측이 제대로 지급하지 않아서 발생하는 문제점을 지적했습니다. "도주방지책으로 반강제적인 저금을 실시하는 한편 사실상 인출을 금지하는 등"의 이유로 충분한 송금이 이루어지지 않고, "노무 송출로 가계 수입이 정지되는" 등 여러 사례가 있다는 것입니다.

그렇다면 생각해 봅시다. 출장복명서 내용은 제5·6·7장 집필자의 주장과 맞지 않습니다. 집필자가 자료를 찾지 못해 모를 수 있을까요? 그럴 수 없습니다. 설사 자료를 찾지 못했다 해도 이 내용은 일본 근대사 연구자 도노무라 마사루外村大가 일본에서 출간한 『조선인 강제연행』(2012)에 실려 있고, 2018년에는 한국에서도 번역 출간되었기 때문입니다. 집필자의 게으름을 다시 한번 확인하는 대목입니다.

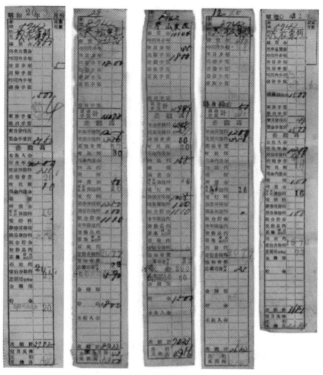

그림 3 국무총리 소속 일제강점하 강제동원피해 진상규명위원회,
『사진으로 보는 강제동원 이야기 - 일본 홋카이도편』, 2009

여기에 조선인 채탄부의 급여명세서가 있습니다. 총 5장(5개월
분)인데 2장(2개월분)은 해당 월을 알 수 있습니다. 급여명세서 인
쇄지에 후생연금보험료 항목이 있는 것을 보면, 1944년 6월 이후
로 보입니다. 후생연금제도가 1944년 2월에 만들어져 6월부터 시
행했기 때문입니다. 급여명세서 내용을 살펴보겠습니다.

□ **1945년 1월분**

- 임금과 수당의 합계 : 총 15원
- 공제금 : 36원 81전
- 공제금 항목 : 후생연금, 건강보험료, 산보회비(산업보국회에 내는 회비), 정민세(주민세), 단체생명보험료, 약값, 기숙사사용료, 간이보험료, 충령탑 기부금
- 차액 : 마이너스 21원 8전

   * 공제금이 임금보다 많습니다. 회사에서는 임금과 공제금의 차액인 21원 8전을 붉은색 글씨로 적었습니다. 적자라는 의미입니다. 공제금의 종류는 다양한데, 1945년 3월분 공제금은 9종류였습니다. 지금은 한 푼도 없네요. 공제금도 모자라는 판인데, 저금할 여유는 없었겠지요.

□ **1945년 3월분도**

- 임금과 수당의 합계 : 31원 60전
- 공제금 : 37원 2전
- 공제금 항목 : 후생연금, 건강보험료, 산보회비, 정민세, 단체생명보험료, 기숙사사용료, 공습공제기금
- 차액 : 마이너스 5원 42전

   * 1945년 3월분도 급여에 비해 공제금이 높습니다. 임금과 공제금의 차액은 마이너스 5원 42전입니다. 적자이므로 역시 붉은색 글씨로 적었습니다.

일시를 확인할 수 없는 급여명세서를 보겠습니다.

□ **일시 모름**

- 임금과 수당의 합계 : 4원 52전
- 공제금 : 총 36원 52전
- 공제금 항목 : 연금보험료, 건강보험료, 산보회비, 정민세, 단체생명보험료, 기숙사사용료, 충령탑 기부금
- 차액 : 마이너스 31원 49전

   * 이달은 수입이 4원 52전인데 공제금이 36원 52전이니, 차액은 32전이 되어야 하는데, 31원 49전이라 적었습니다.

□ 일시 모름

- 임금과 수당의 합계 : 119원 79진
- 공제금 : 총 70원 23전
- 공제금 항목 : 연금보험료, 건강보험료, 산보회비, 정민세, 물품대, 단체생명보험료, 근로소득세, 간이보험료, 조합저금, 기숙사사용료, 충령탑 기부금, 헌금, 씨자조합비, 저금
- 차액 : 49원 56전(수입의 41.37%)

* 이달에는 임금이 대폭 늘었습니다. 임금이 늘다 보니 근로소득세도 공제했습니다. 이번 공제금을 보면 종류도 14개로 늘었고, 항목당 금액이 늘었습니다. 주민세에 해당하는 정민세가 30전으로, 산보회비가 50전으로 각각 늘었습니다. 신설한 씨자조합비는 인쇄를 하지 못해 스탬프로 찍었습니다. 씨자조합이란 관변어용노동조합 정도로 이해하는 것이 적합할 것입니다.

□ 일시 모름

- 임금과 수당의 합계 : 140원 73전
- 공제금 : 총 87원 32전
- 연금보험료, 건강보험료, 산보회비, 정민세, 변상금, 단체생명보험료, 근로소득세, 간이보험료, 조합저금, 기숙사사용료, 충령탑 기부금, 일일전사저금, 저금
- 차액 : 53원 50전(수입의 38%)

* 이달의 공제금에는 일일전사저금─日戰死貯金 항목이 신설되었습니다. 급여명세서에는 항목이 없어서 스탬프로 항목을 추가했습니다.

급여명세서의 주인공은 1942년 1월 홋카이도탄광기선주식회사 소속 가모이神威 탄광으로 동원되어 채탄부로 일했던 윤병렬입니다. 1924년 충남 홍성에서 태어난 그는 나중에 징용으로 가는 것보다 나을 것이라는 생각에 모집에 응했습니다. 마을 청년 4명과 같이 2년을 계약하고 갔는데, 강제로 2년이 더 연장되어 4년간 일했습니다. 해방이 되자 회사에서는 전에는 구경도 하지 못했던 좋

은 옷과 모자를 나누어주었다고 합니다. 윤병렬은 이 옷을 입고 사진관으로 달려가 사진을 찍었습니다. 윤병렬은 탄광에서 받은 각종 영수증과 동료들과 찍은 사진, 고향의 동생에게 받은 편지, 물건을 소중하게 보관하고 있다가 위원회에 기증했습니다.

윤병렬의 수입이 들쑥날쑥인 이유는 알 수 없습니다. 1945년은 윤병렬이 입산한지 4년이 되는 해입니다. "근속기간의 차이에서 발생한 임금의 차이"라는 집필자의 주장(93쪽)대로 한다면, 근속기간이 긴 편이므로 급여도 높아야 합니다. 그런데 임금이 안정적이지 않습니다. 다른 자료를 통해 비교분석해야 할 연구의 대상입니다.

여기에서 주목할 점은 인도금액입니다. 5개월의 급여명세서 가운데 3개월은 공제금이 수입보다 많았습니다. 적자였으므로 받을 돈이 없었습니다. 나머지 2개월은 각각 수입의 38%와 41.37%를 받았습니다. 윤병렬의 급여명세서 5개월분을 가지고 평균을 내면 인도금액은 8%가 됩니다. 그렇다면 윤병렬은 4년간 탄부로 일하면서 매달 8%를 받았다는 것인가요. 그렇지 않았을 것입니다.

윤병렬의 사례는 개인에 따라 시기에 따라 인도금액이 달랐다는 점을 보여줍니다. 다른 이들의 사례도 마찬가지입니다. 어떤 이는 매달 5원을 받았다고 하기도 하고 또 어떤 이는 20원을 받았다고 합니다. 일률적으로 몇 %라고 말할 수 없습니다. "임금의 4할 이상을 직접 건네받았다"는 제5·6·7장 집필자의 주장이 얼마나 근거 없고 무책임한지 알 수 있습니다.

■ 엎드리고 누워서 일할 필요가 없었다?

> • 1930년대가 되면 일본 탄광 대부분의 갱도는 사람 키를 훨씬 넘는 높이와 5미터 이상의 폭을 유지하는 것이 일반적이었다. 굳이 엎드리고 누워서 석탄이나 광석을 캘 이유가 없었다.(81쪽)
> • 기계화를 통해 1939년 이후 조선인이 배치되었던 대규모 탄광에서는 기계식 컨베이어를 널리 사용했다.(83쪽)

운좋게도 1995년부터 지금까지 아시아태평양지역의 전쟁유적을 답사하고 있습니다. 일본 규슈의 지쿠호筑豊와 나가사키長崎탄전, 조반常磐탄전, 홋카이도의 탄전과 광산들, 남사할린과 만주, 중서부 태평양지역의 광산, 한반도의 탄광과 광산도 당연한 답사지역입니다. 탄광산의 경우에는 가능한 직접 갱내에 들어가보곤 합니다. 그런 경험을 토대로 볼 때, 제5·6·7장 집필자의 주장은 참으로 무책임합니다. 이런 주장을 하려면 구체적인 탄광 사례를 제시할 수 있어야 합니다.

탄전과 탄광의 지형, 탄맥, 탄질 등 여러 요소에 영향을 받습니다. 그러므로 같은 탄전이라도 다른 노동환경에 있을 수 있으므로, 일률적으로 평가하기 어렵습니다. 그런데도 집필자는 탄광의 규모를 명확한 듯 단정했습니다.

"사람 키를 훨씬 넘는 높이와 5미터 이상의 폭을 유지"하는 탄광은 있습니다. 남사할린이나 홋카이도 등 채탄의 역사가 길지 않은 지역에서는 그런 탄광도 있습니다. 그러나 후쿠오카의 지쿠호와 나가사키탄전은 다릅니다. 탄을 캔 지 오래되었기 때문입니다. 그래서 누워서 탄을 캐야 하는 탄광이 많았습니다.

또한 이 주장은 제5·6·7장 집필자 스스로 했던 주장과도 맞지 않습니다. 집필자는 79쪽에서 학계와 시민단체가 '역사를 왜곡하고 날조하는 사례'로 사진을 한 장 제시했습니다. 2019년 4월 3일 일본 산케이신문에 실렸다는 사진 설명에는 '반일종족주의에 경도된 민족차별을 주장하는 연구자들'이 사용하는 사진이라고 했네요.

그림 4 누워서 탄을 캐는 1960년대 일본인 탄부(1961년 일본 사진가 사이토 촬영)

그림 5 쪼그리고 앉아 채탄하는 모습
(규슈대학부속도서관부설 기록자료관 설립기념 전시회 '기억과 기록' 도록, 2006)

그림 4는 바로 누워서 탄을 캐는 1960년대 일본인의 모습입니다. 그림 5는 규슈대학부속도서관부설 기록자료관이 개최한 전시회 사진입니다. 모두 쪼그리고 앉아서 탄을 캐고 있네요. 이외에도 일본 전시체제기에 촬영한 사진 가운데 쪼그려 앉아서 탄을 캐는 사진은 많습니다. 갱내가 좁았기 때문입니다.

"1939년부터 모든 일본의 탄광은 사람 키를 훨씬 넘는 높이와 5미터 이상의 폭을 유지"했다면서, 왜 이 일본인 탄부는 누워서 탄을 캐고 있을까요. 그야말로 격하게 그것이 알고 싶습니다.

이번에는 '기계식 컨베이어' 이야기를 해보도록 하지요.

'기계식 컨베이어'를 사용한 탄광도 있습니다. 남사할린의 탄광에 가서 직접 본 적이 있습니다. 홋카이도에서도 기계식 컨베이어를 사용한 탄광이 있습니다. 그러나 대부분의 탄광에서는 기계식 컨베이어 시스템을 가동하지 않았고, 못했습니다. 설비에 드는 비용이나 전기 문제 등 여러 가지 이유 때문이었습니다.

탄광은 내부의 가스를 외부로 배출하기 위해 갱내에 모터를 작동해야 합니다. 그런데 모터의 고장이나 전기 문제로 갱내 사고가 자주 일어났습니다. 일본의 탄광에서 가스 폭발사고가 빈번했다는 것은 널리 알려진 사실입니다. 군함도로 알려진 하시마端島 탄광은 전기를 자체적으로 생산하지 못해 다카시마高島에서 조달받았습니다. 그런데 미군의 공습으로 전기 수급이 원활하지 않아 갱내의 가스를 배출하지 못한 적도 있었습니다. 이같이 갱내 가스 배출용 모터를 돌릴 전기도 부족한 판인데, 자동 컨베이어 시스템을 가동할수 있었을까요.

이번에는 밀차를 미는 탄부의 사진을 보도록 하겠습니다. 사진에서 밀차를 미는 탄부의 모습이 매우 힘에 겨워 보이네요. 탄광과 광산의 밀차는 쇠로 만들어서 매우 무겁습니다. 거기에 탄을 실었으니 더 무겁겠지요. 이런 방식의 밀차는 일제 말기 일본과 한반도의 많은 탄광에서 볼 수 있었습니다.

그림 6 탄부가 밀차를 미는 모습
(규슈대학부속도서관부설 기록자료관 설립기념 전시회 '기억과 기록' 도록, 2006)

이 사진은 평지에서 밀차를 미는 모습입니다. 평지에서 밀차를 밀 때는 사고가 비교적 적습니다. 간혹 궤도에서 밀차가 이탈하는 일이 있지만 드문 경우이지요. 문제는 오르막이었습니다. 오르막에서 밀차를 밀다가 힘이 모자라 손을 놓치는 순간 곤두박질한 밀차에 깔려 목숨을 잃는 것입니다.

조선인 노동재해자 가운데 밀차를 밀다가 부상을 당하거나 사망한 사례는 적지 않습니다. 당시 많은 탄광이 자동 컨베이어 시스템을 가동하지 않았음을 입증하는 사례이기도 합니다. 집필자의 주장대로 자동 컨베이어 시스템이 정착되었는데, 왜 사람이 밀차를 밀었으며, 밀차를 밀다가 사망과 부상의 노동재해를 입었겠습니까. 답은 간단합니다. 모든 탄광산이 자동 컨베이어 시스템을 갖추지 못했기 때문입니다.

당시 탄광의 노동환경이 열악하다는 점은 일본 정부 당국자도 인정한 사실입니다. 1944년 1월 18일 일본 군수성은 제1차 군수회사를 지정했는데, 탄광을 포함하지 않았습니다. 군수회사로 지정되면 작업장에서 일하던 모든 종업원이 모두 '군수 피징용자'라는 이름으로 전환되므로 당연히 조선인도 징용자 신분이 됩니다. 그런데 1월에는 탄광을 제외했다가 석 달이 지난 1944년 4월에서야 군수회사로 지정했습니다.

1월 29일에 열린 제국의회에서 질문이 나왔습니다. "탄광에 대한 현원징용 실시를 고려하지 않느냐"는 질문이었는데, 이에 대한 정부 측의 답변은 '시기상조'였습니다. 기시 노부스케岸信介 국무대신(아베 총리의 외할아버지)은 탄광을 군수회사지정에 포함하지 않은 이유에 대해 "탄광의 노무관리가 여전히 개선의 여지가 많기 때문"이라고 했습니다. "탄광 작업은 생명의 위험이 큰데 그곳에 징용자를 투입하면 민심에 악영향을 미칠 것"을 우려한 조치였습니다. 일본 당국이 징용자를 투입하기 꺼릴 정도의 현장이 바로 탄광이었습니다. 제5·6·7장 집필자의 주장대로 탄광이 자동 컨베이어 시스템이 가동되는 근대적인 산업현장이었다면 왜 일본 당국자가 "개선의 여지가 많다"고 답변했을까요.

■ 강제연행설은 명백한 왜곡?

> • '밤에 잠자고 있는데 논에서 일하고 있는데 헌병 순사가 와서 일본
>   으로 끌려갔다'는 주장은 일본 조총련계 조선대학교 교원 박경식이
>   처음 주장한 강제연행설인데, 명백한 역사왜곡(67~68쪽)
> • 당시는 강제징용이라는 말 자체도 없었다(70쪽)

먼저 당시에 강제징용이라는 말이 없었는지부터 살펴보도록 하겠습니다. 일본 연구자 도노무라 마사루는 『조선인 강제연행』 서문에서 '강제연행'이나 '강제징용'은 당시 조선에서 사용하던 용어라고 했습니다.

종이질이 좋지 않아 희미하지만 《경성일보》 1945년 12월 8일자 2면에 실린 그림에는 '강제징용'이라는 네 글자가 보입니다. 《경성일보》는 1906년 통감부 기관지로 출발해 일제시기 내내 조선총독부 기관지였는데 일본어 신문이었습니다. 주요 독자층이 조선에 거주했던 일본인이었습니다. 1945년 10월까지 발행하다가 조선인이 편집권을 장악해서 얼마간 《경성일보》라는 이름으로 발행했습니다.

집필자는 '당시는 강제징용이라는 말 자체가 없었다'고 했는데, 《경성일보》를 보니 1945년 12월에는 사용했군요. 1945년 12월이면 광복을 맞은 지 얼마 되지 않은 시기입니다. 1945년 12월에 사

용했다면 최소한 1945년에 익숙한 용어였겠지요.

그림 7 경성일보 1945년 12월 8일자

그렇다면 이번에는 '밤에 잠자고 있는데 논에서 일하고 있는데 헌병 순사가 와서 일본으로 끌려갔다'는 일명 납치설에 대해서 살펴보겠습니다. 제1부에서도 언급했지만 속여서 데려가기도 했으나 납치적인 방법도 있었습니다. 피해자들의 기록이나 구술에서만 나오는 이야기가 아닙니다. 일본 당국 측의 자료가 있습니다. 그냥 있을 정도가 아니라 많이 있습니다.

제1부에서 언급한 자료를 상세히 살펴보겠습니다. 내무성 관리국이 조선에 출장 보낸 직원이 1944년 7월에 보고한 출장복명서에 명확히 적혀 있습니다.

"내용은 차치하고라도 그 밖의 어떤 방식을 통하더라도 출동은 오로지 납치와 같은 상태이다. 그 이유는 만일 사전에 동원 사실을 알리면 모두 도망쳐버리기 때문이며, 그래서 야습, 유인, 기타 각종 방책을 강구하여 인질처럼 약탈, 납치하는 사례가 많아진다."

또 다른 자료를 보겠습니다. 조선총독부에서 재무국장을 지낸 미즈타 나오마사水田直昌은 "트럭을 몰고 순사를 동반해 시골에서 잡아채오는 일"이 있었다고 발언했습니다. 1954년 3월 6일에 대장성 관방조사과에 설치된 금융재정사정연구소라는 곳에서 한 발언입니다.

1943년 11월, 조선총독부 관료와 기업 간부 등이 참석한 가운데 도요게이자이신포사東洋經濟申報社가 주최한 좌담회가 열렸습니다. 조선농촌의 노무공출력에 대해 논의하는 자리였습니다. 이 자리에서 조선총독부 후생국 노무과의 다하라 미노루田原実는 다음과 같이 발언했습니다.

"조선의 직업소개소는 각 도에 1개소 정도밖에 없어서 조직도 진용도 극도로 빈약하기 때문에 일반행정기구인 부·군·도島를 제일선 기관으로 노무자를 모으고 있습니다만 이 모으는 작업이 매우 빈약해서 하는 수 없이 반강제적으로 하고 있습니다. 그 때문에 수송 도중에 도망치거나 애써서 광산에 데려가도 도주하거나 말썽을 일으키는 등의 사례가 매우 많아져서 힘듭니다. 하지만 그렇다고 해도 지금 당장은 징용도 할 수 없는 사정이기 때문에 반강제적인 공출은 앞으로도 더욱 강화해 나가야 한다고 생각합니다."

소개한 자료에서 모두 '습격'하거나 '잡아채오거나' '인질처럼 약탈, 납치'했다고 표현하고 있습니다. 이런데도 집필자는 '강제연행설은 명백한 역사왜곡'이라고 강변을 하니, 어찌할 도리가 없네요.

참고 문헌

佐渡鑛業所, 「半島勞務管理ニ就テ」(1943년 6월), 『在日朝鮮人史研究』12, 1983.

박경식朴慶植 지음(1965)·박경옥 옮김, 『조선인 강제연행의 기록』, 고즈윈, 2008.

국무총리 소속 일제강점하 강제동원피해 진상규명위원회, 『사진으로 보는 강제동원 이야기 – 일본 홋카이도편』, 2009.

도노무라 마사루外村大 지음(2012)·김철 옮김, 『조선인 강제연행』, 뿌리와 이파리, 2018.

정혜경, 『일본의 아시아태평양전쟁과 조선인 강제동원』, 동북아역사재단, 2019.

허광무, 『일본지역 강제동원 현장을 가다』, 도서출판 선인, 2019.

▌ 해방의 길을 향해

자 그렇다면 이제는 강제동원 연구의 진작을 위해 우리 안의 실수와 오류를 살펴보고, 넘어서 볼까요.

강제동원 연구의 출발점은 1965년 재일사학자 박경식의 연구입니다. 다양한 자료를 구하기 어려웠던 시절, 박경식은 일본 전역의 현장을 직접 답사하고 경험자를 만나 자료를 모았습니다. 이렇게 모은 자료를 정책문서와 함께 분석한 연구가 1965년에 나온 『조선인 강제연행의 기록』입니다. 박경식의 『조선인 강제연행의 기록』은 일본 패전 직후 자료나 연구자가 희소했던 척박한 환경에서 어렵게 이룬 선구적 성과입니다. 그러나 그 과정에서 통계의 실수가 있었고, 명확하지 않게 사용한 용어도 있었습니다. 초기 연구가 남긴 과제이지요.

박경식의 연구를 보완하고 풍부하게 하는 역할은 이후 세대의 몫입니다. 박경식 연구를 비판적으로 계승을 했다고 평가받는 재일동포 학자 김영달과 제도의 문제에 주목한 도노무라 마사루가 대표적인 사례입니다.

그렇다면 한국 학계의 모습은 어떠한가요. 1990년대 초 노태우 대통령이 48만 명부를 이관받은 후 정부 기관의 꾸준한 자료수

집으로 한국에서 공개자료의 양은 폭발적으로 늘어나고 힘들이지 않고 다양한 자료를 열람할 수 있는 상황이 되었습니다. 1990년대 초부터 강제동원을 주제로 한 박사학위논문이 나오기 시작했고, 1990년대 후반부터는 본격적으로 연구가 시작되었습니다. 이 과정에서 선행연구를 무비판적으로 인용하거나 잘못 해석하는 일도 있었습니다. '우리 안의 실수와 오해'입니다.

냉철하게 돌아보면, 연구자의 안이함은 강제동원 연구의 스펙트럼을 좁히는 데 영향을 미쳤습니다. 또한 그동안 학계는 연구성과가 사회적으로 미치는 영향에 대한 인식이 부족했습니다. 학자들의 연구성과가 인터넷이나 미디어를 통해 널리 확산된다는 점을 미처 생각하지 못했습니다. 그 과정에서 일본인 사진이 조선인 사진으로 잘못 알려지기도 했습니다.

21세기에 들어 조선인 강제동원 연구는 한국에서 다양한 성과를 내고 있습니다. 2004년 강제동원 진상규명 기관(위원회) 설립으로 자료정리와 공개가 성과를 냈고, 2011년에 일제강제동원&평화연구회가 발족한 덕분입니다. 위원회는 11년간 총 180만건의 조선인 강제동원 명부를 정리해 국가기록원에 이관했고, 56권의 진상조사보고서를 발간했습니다. 또한 총 20권이 넘는 구술기록집과 자료집을 만들어 온라인과 오프라인을 통해 무료 배포했습니다. 전문 연구자들의 모임(일제강제동원&평화연구회)도 자리를 잡았습니다. 일제강제동원&평화연구회는 2019년 8월 현재 연구자와 대중을 위한 책을 총 20권 출간했습니다. 물론 여전히 한국 근대사의 다른 주제에 비해서는 연구자의 수는 손에 꼽을 정도이지만 이전보다는 늘었습니다.

2019년 말 현재 국가기록원이 소장하고 있는 방대한 자료는 연구자와 일반인을 위해 공개를 준비하고 있다고 합니다. 거칠게 표현하면, 이제 한국은 가장 많은 자료를 갖춘 조선인 강제동원 연구의 중심지역이 된 셈입니다. 2012년과 2018년 대법원판결 이후 학계에 대한 사회적 요구와 기대감도 커졌습니다. 그렇다면 연구도 그에 걸맞은 수준으로 가야 합니다. 시민사회와 연구성과를 공유하려는 노력도 학계가 열심히 할 일입니다. 그러한 과정에서 필요한 것 가운데 하나는 우리 스스로에게 하는 쓴소리일 것입니다. 또한 연구는 오류를 줄이고자 노력하는 과정입니다. 그러한 점에서 '우리 안의 실수와 오해 되짚어보기'는 의미가 큽니다.

제2부의 마지막 장에서는 선행연구를 무비판적으로 답습하거나 제대로 이해하지 못했던 두 가지 사례(통계와 강제성의 문제)를 제시하고 '해방'의 길을 모색해보고자 합니다. 연구자 스스로 학계의 실수나 한계를 지적하는 것은 자신은 되돌아보지 못하고 남의 실수를 왜곡의 근거로 삼는 치졸한 모습과는 차원이 다릅니다. 우리 스스로 되돌아봄으로써 연구 시각을 넓힐 수 있고, 후학들의 실수를 막을 수 있습니다. 나아가 한국 사회가 건강한 역사 인식을 공유하는 데 도움이 될 수 있습니다.

■ 강제동원[인력] 관련 통계

의도적 왜곡?

2006년 낙성대경제연구소가 주최한 국제학술대회 '일제의 전시체제와 조선인 동원 - 징병, 징용, 위안부 - '에서 발표문 「전시기 농촌경제의 동향 -소토지소유자의 증가추세를 중심으로-」의 발표자(이영훈과 홍제환)는 통계문제의 오류를 지적했습니다. "국내 및 일본 내 민간단체를 통해 꾸준히 150만명 정도가 동원되었다는 주장이 제기되어 왔으나 이는 당시 통계 자료를 인용하는 과정에서 오류를 범해 숫자가 부풀려지고 그것이 거듭 재인용되는 과정 속에서 만들어진 허수虛數에 불과하다"는 문장(발표문 80쪽 각주 32번)입니다.

이후 홍제환은 2008년 「전시기 조선인 동원자수 추정치 활용에 대한 비판」이라는 논문을 학술지에 실었습니다. 이 논문에서 일본 정부와 조선총독부가 작성한 여러 관련 통계를 제시하고, 이들 통계가 박경식의 연구를 통해 달라지는 과정을 지적했습니다. 그리고 박경식의 연구를 그대로 인용한 국내와 일본의 연구자(강성은,

강정숙, 김민영, 금병동, 이상의, 정혜경)와 단체(조선인강제연행
진상조사단)를 지적했습니다.

홍제환의 주장대로 그간 저를 포함해 연구자들은 오랫동안 잘
못된 통계를 사용해왔습니다. 강제동원자 통계가 관련 자료의 하
나라는 점에서 연구자의 통계 사용은 신중해야 합니다. 그러한 점
에서 홍제환의 지적은 의미가 있습니다.

그런데 홍제환의 논문은 세 가지 점에서 아쉬움을 남겼습니다.

첫째, 홍제환은 기존의 오류를 통렬히 지적하는데 그쳤을 뿐,
새로운 통계를 산출하려는 노력은 하지 않았습니다. 오류를 지적
하는 이유는 비판을 위해서가 아닙니다. 지적에만 그치는 것은 연
구자의 책임 있는 자세는 아닙니다. 기존 통계의 문제점을 보완한
강제동원 통계를 제시해야 합니다. 그러나 이 논문에서 새로운 통
계는 찾을 수 없습니다.

둘째, 통계 오류에 대한 연구자의 편향적 평가입니다. 홍제환
은 통계의 오류를 일관되게 "일제의 무자비하고 폭력적인 측면을
부각하려고 수치를 부풀린 의도"로 평가했습니다. "현대인은 숫자
에 집착"하므로 "심각성을 은폐하고" "의도적 부풀리기 등으로 잘
못된 통계"를 만들어낸다고 결론지었습니다. 한마디로 위에 거명
된 통계 인용자들은 모두 확신범이라는 의미입니다. '확신범'이라
는 의미의 문장은 『반일종족주의』에서도 여러 번 반복 강조하는 문
장이기도 하네요.

그렇다면 의도적인 수치 부풀리기일까요? 강제동원의 강제성이 동원 규모와 무관하다는 점은 상식입니다. 동원 규모가 적다고 해서 강제성이 줄거나 사라지는 것은 아닙니다. 통계의 오류는 박경식이 합산 과정에서 한 실수에서 출발했고 인용 과정에서 인식하지 못했을 뿐입니다. 학술논문에서 근거도 없이 '의도성'을 남발하는 것은 비난을 위한 비난입니다.

세 번째, 통계의 대상이 제한적이라는 점입니다. 일본과 남사할린으로 동원된 피해 규모에 불과합니다. 한반도나 만주, 중서부 태평양 지역의 피해자는 포함하지 않았습니다.

통계의 정확도를 높이기 위한 작업은 학계의 당연한 과제입니다. 그러나 역사통계가 갖는 의미는 수치 이면에 자리한 정치사회적 배경을 얼마나 잘 이해하고 적용하느냐에 달려 있습니다. 또한 정확한 통계 사용 만큼이나 중요하고 관심을 기울여야 하는 작업은 통계의 기준이 되는 인력동원의 성격과 범주에 대한 고민입니다. 즉 '어떤 피해를 강제동원으로 볼 것인가'하는 점입니다. 이 고민은 현재진행형이므로 연구성과에 따라 다른 통계가 나올 수 있습니다.

2015년 위원회가 문을 닫으면서 출간한 『위원회 활동결과보고서』에 수록한 통계는 바로 홍제환의 문제 제기를 반영해 기존 통계에 대한 분석을 거쳐 산출한 통계입니다. 일본 정부와 조선총독부가 산출한 통계 가운데 최소치를 분석했으므로 최소한의 통계가 됩니다. 일본과 남사할린은 물론, 한반도에 동원된 인원을 수록했습니다. 위원회가 피해자로 판정한 만주의 집단개척민도 포함했습니다. 기존에 군무원으로 산정한 인원 가운데 국민징용령으로 동원된 이들은 노무자로 합산했습니다.

위원회 통계(부록 수록)는 2012년에 처음 공개한 후 위원회 활동결과 보고서를 통해 확정했습니다. 그런데도 여전히 불확실한 통계를 제시하고 주장하는 사람들이 있습니다.

통계를 늘려달라?

일본의 군인이 된 조선인은 몇 명일까요. 일본 정부가 밝힌 규모는 총 20만 9,279명입니다. 위원회 통계도 이 수치를 반영했습니다. 그러나 입대했음에도 일본 정부의 자료에서 이름을 찾을 수 없는 이들이 있습니다. 1945년 5월 입대한 최동언은 그 가운데 한 명입니다.

2013년 12월 6일, 최동수는 일본 후생노동성을 방문해 돌아오지 않는 형의 행방을 문의했습니다. 그런데 입대한 형(최동언)의 기록은 찾을 수 없었습니다. 후생노동성 관계자는 1945년 1월~8월 사이에 징병된 조선인명부 중 일부는 존재하지 않는다고 답했습니다. "구 일본육군과 해군 관련 명부는 후생성에 전부 인계됐으나 전쟁 혼란 상황으로 인해 부대별 명부 등이 없는 경우가 있다"

는 것입니다.

그렇다면, 1945년 1월 이후 입대한 조선인들 가운데 얼마나 많은 사람들의 기록이 증발되었다는 것인가요. 알 수 없습니다.

입대는 했으나 기록은 없다? 어떻게 이런 일이 가능할까요. 당국이 군 관련 기록을 의도적으로 없앴거나 병적兵籍 관리가 허술했기 때문이었습니다. 자료가 없으니 학계에서도 일본군이 된 조선인을 약 40만명으로 추산할 뿐, 공식적으로 인용하지는 않고 있습니다.

그런데 올여름, 위원회 통계에 산출한 군인피해자 20만 9,279명이 맞지 않으니 늘려야 한다는 이들이 있었습니다. 어느 시민단체가 국무총리실을 통해 행정자치부에 문제 제기했다는 것입니다. 행정자치부 담당자는 난감해하며 조언을 구했습니다.

2015년 위원회 통계는 연구자 개인이 제시한 통계가 아니라 한국 정부의 통계입니다. 그러므로 검증을 거친 수치를 반영한 통계입니다. 현재 일본 후생성은 입대자와 명부의 차이가 있음을 인정했으나 증발한 명부의 규모를 알지 못합니다. 학계에서도 명확한 통계를 제시하지 못하고 추산할 뿐입니다. 그런데 근거 없는 수치를 정부 통계에 합산할 수 있다는 말인가요.

연구자든 시민이든 누구나 책이나 SNS나 여러 가지 방법으로 통계를 제시할 수 있습니다. 그러나 명확한 근거도 없이 정부 통계를 수정할 수는 없습니다. 만약 정부 통계를 받아들일 수 없다면,

정부 통계를 수정하라고 요구할 필요 없이 연구자 개인이나 단체 차원의 통계를 제시하면 되지 않을까요.

여전히 검증하지 않은 통계에 관심을 보이는 언론

2014년 4월 8일 연합뉴스 일본발 기사는 "조선인 강제동원 노무동원자의 규모에 대한 새로운 자료 발굴과 통계 관련" 내용이었습니다. 일본 시민활동가인 다케우치 야스토竹內康人가 20만명의 새로운 조선인 피해 명부를 확인했다는 특종이었습니다. 이 보도를 받아 언론사들은 수십 개의 후속 기사를 대서특필했습니다.

보도 내용을 보면, 다케우치는 다네무라 가즈오(種村一男, 1902~1982)라는 경찰관 자료를 통해 최초로 '연고 모집' 통계를 확인했다고 합니다. 또한 다네무라 자료를 통해 기존 통계에서 누락한 조선인 강제동원 피해자가 20만명이라고 밝혔다고 합니다.

다네무라 가즈오 통계는 여러 종류가 있는데, 일본 국립공문서관에 소장한 자료는 '다네무라씨경찰참고자료種村氏警察參考資料'입니다. 일본 국립공문서관은 온라인 자료관인 아시아역사자료센터(https://www.jacar.go.jp/)를 통해 모두 115건의 다네무라 자료를 공개했습니다. 한국에서도 접속과 다운로드가 가능합니다.

다네무라 가즈오는 구 내무성 경보국 이사관을 지냈는데, 다케우치가 공개한 자료는 내무성 경보국 보안과의 내선內鮮경찰이 예산 청구를 위해 작성한 통계 자료입니다. 이 자료는 일본 정부가 강제동원에 대해 부정을 일관하는 상황에서 강제동원의 강제성 및 일본 정부 책임론을 확인할 수 있는 자료라는 점, 당시 일본 정부에 근무했던 공직자가 소장한 자료로써, 일본 정부의 공식 통계를 뒷받침하는 여러 기초 자료 중 하나라는 점에서 의미가 있습니다.

자료를 확인한 다케우치는 2014년 3월 15일 일본 교토京都 리츠메이칸立命館 대학에서 열린 제7회 강제동원진상구명 전국연구집회(주최 강제동원진상구명 네트워크) 자료집에 수록한 발표문을 통해 내용을 공개했습니다. 다케우치는 일본에서 연구자 이상으로 많은 연구성과를 내고 강제동원 진상조사 활동을 적극적으로 하는 시민활동가입니다. 『전시 조선인 강제노동 조사자료집』(2007년)을 비롯해 『조사·조선인 강제노동』 시리즈를 4권이나 출간했습니다.

그는 발표문을 통해 1939년부터 1944년까지 일본지역으로 동원된 숫자에서 기존 통계는 20만명을 누락했다고 강조하고, 80만명의 조선인이 일본으로 강제동원되었다고 주장했습니다. 언론에서도 '20만명 추가 자료 발굴'을 제목으로 달았습니다.

그렇다면, 발표내용은 신뢰할 수 있을까요.

첫째, 20만 명 추가설을 살펴봅시다. 다네무라 통계에서 1939~1944년 일본으로 동원된 조선인은 798,043명입니다. 다케우치는 다른 통계와 비교해 20만명 정도가 차이가 난다고 주장했습니다. 차이가 나는 이유는 무엇일까요. 자료의 성격이 다르기 때문입니다.

다네무라 통계는 모두 4종류인데, 이 가운데 1건을 제외한 3건은 모두 동원계획 통계입니다. 실제로 동원한 통계가 아닙니다. 동원을 계획했던 수와 실제로 동원한 수는 20% 정도의 차이가 발생했습니다. 1944년도 제86회 제국의회 설명자료에서 1943년 동원계획 대비 실제 달성율은 82.8%(일본 82.9%, 남사할린 85.2%, 남양 73.7%)이고, 1944년 일본지역 달성율은 78.7%였습니다. 이 자료에 의하면, 1943년에는 17.8%를, 1944년에는 21.3%를 동원하지 못한 것입니다. 그러므로 동원계획 통계를 가지고 20만명이 부족하다고 주장하는 것은 적절하지 못합니다.

두 번째로 다케우치의 발표문은 이외에 다른 오류도 있습니다. 보도에 의하면, 다케우치는 '연고모집'이라는 새로운 동원 방식을 처음 확인한 주인공이 됩니다. 그러나 제1부에도 설명한 바와 같이 '연고모집'은 모집의 종류 가운데 하나입니다. 1965년 이후 학계에 널리 알려진 내용입니다.

다케우치 주장의 아쉬움은 이외에도 더 있습니다만, 이미 논문(「아시아태평양전쟁에 동원된 조선인 관련 통계 자료」)을 통해 지적했습니다. 다케우치는 한국어 문장에도 능통하고, 논문을 수록한 『한일민족문제연구』는 일본에도 배포하고 있으니 읽을 기회가 있기를 바랍니다.

통계와 관련한 이야기를 하나만 더 해보겠습니다.

2019년에 나온 박사논문에서 노영종은 "강제동원 현황의 정확한 추산은 기업별, 사업장별 또는 출신지역별로 구체적인 미시적 연구가 더욱 축적된 이후에야 해결될 수 있다"고 적었습니다. 그러면서 소개한 강제동원 피해 규모는 7,879,708명입니다. 근거 자료는 2002년 특별법 제정을 위해 만든 시민단체(일제강점하 강제동원 피해진상규명 등에 관한 특별법 제정 추진위원회)의 심포지엄 자료입니다. 이미 2012년에 정부 통계(위원회)를 처음 공개했는데, 2019년에 제출한 논문에서 2002년의 시민단체 통계를 사용한 셈입니다.

■■ 강제성을 생각한다.

강제성의 의미를 희석하려는 이들

강제성 논의는 강제동원 연구에서 가장 중요한 연구 주제입니다. 먼저 강제성의 의미 문제를 살펴보려 합니다.

2007년 3월 일본 아베 총리는 참의원예산위원회와 내각 기자회견에서 한국인 일본군위안부피해와 관련해 "협의의 강제성은 없었다"고 발언했습니다. 이 때 아베 총리가 언급한 '협의(좁은 의미)의 강제성'이란 연행과정에서 강제성, 즉 '관헌이 무단으로 집에 침입해 사람을 끌고 가는'을 의미합니다. 그러므로 강제동원 과정에서 상대를 어찌할 수 없도록 제압해서 억지로 끌고 가는 방식의 강제성은 없었다는 말입니다.

제1부에서 언급했지만 아베 총리의 주장은 틀렸습니다. 아베 총리가 주장하는 좁은 의미의 강제성은 전시기에 있었습니다. 일본 내무성 조사 결과입니다. 길거리에서 납치하기도 했고 새벽에 집에 찾아와 데려가기도 했습니다. 다만 당국이 사용한 유일한 동원방식이 아니었을 뿐입니다.

'좁은 의미의 강제성'과 '넓은 의미의 강제성'으로 구분하는 방식은 일본 전시체제기를 이해하는데 도움이 되지 않습니다. 그런데도 아베 총리가 군이 구분하는 이유는 강제성을 부정하려는 의도일 것입니다. 그 이유는 국제사회에서 강제성을 논의할 때 중요한 잣대는 '넓은 의미의 강제성'이기 때문입니다.

좁은 의미의 강제성은 인신적 구속에 치우친 생각입니다. 그러나 강제성의 의미가 인신적 구속을 넘어선다는 점은 이미 1990년대초 일본에서 확산된 문제입니다. 1993년 일본 중의원 예산위원회에서 규정한 강제는 "본인의 자유로운 의사에 반한 모든 종류의 행위", 즉 넓은 의미의 강제성입니다. 법조계도 마찬가지입니다. 2002년 일본변호사협회가 내린 강제성의 개념도 넓은 의미입니다. 결국 아베 총리의 주장은 강제성을 좁은 의미와 넓은 의미로 구분해 좁은 의미만을 내세우고자 하는 정치적 의도를 가진 발언입니다.

그런데 여전히 '좁은 의미의 강제성'을 중시하고, 입증하려는 연구자들이 있습니다. 이러한 연구 경향은 두 가지 문제점을 낳고 있다고 생각합니다. 하나는 연구방법입니다. 많은 일본 당국 측 자료는 소개하지 않고 피해자의 목소리를 통해서만 전달하는 연구방법입니다. 앞에서도 언급했지만 납치적 방식은 일본 당국 측 자료에서 많이 찾을 수 있습니다. 그런데도 연구자들이 피해자들의 구술로 치중함으로써 오해를 불러일으키는 것입니다. 오해란 납치적 방식을 피해자들의 일방적 주장인 듯 여기게 만들었다는 점입니다.

또 다른 문제점은 강제성 자체에 대한 판단을 흔들 수 있다는 점입니다. '좁은 의미의 강제성'에 치중하는 연구 경향은 납치적 방식이 있었다는 점을 입증하는데 성과를 거둘 수는 있으나 오히려 연구 시각을 좁히는 결과를 가져올 수 있습니다. 납치적 방식이 아닌 것은 강제동원이 아닌가 하는 오해를 낳을 수 있다는 점이다. 좁은 의미의 강제성에 치중한 나머지 넓은 의미의 강제성을 간과하게 될 수 있습니다. 우리 스스로 강제성을 축소하는 결과를 가져오는 것입니다.

독자들께서 그런 연구가 어디에 있느냐고 할 듯 해서, 많은 사례 가운데 비교적 최근의 연구성과를 소개해보려고 합니다.

먼저 2002년에 나온 『강제연행사 연구』(김인덕 편저)를 보겠습니다. 이 책의 제1부는 강제연행연구이고 제2부는 태평양전쟁피해자보상추진협회의 소속 회원 66명의 인터뷰 요약문입니다. '강제연행연구'라는 제목을 붙인 제1부에 '강제연행의 실태'가 있습니다. '강제연행의 실태'는 '거리에서 납치되는 방식'이 대부분이고, 노동 실태도 단정적인데, 근거 자료는 일본의 기록작가 하야시 에이다이(林えいだい 1933~2017)의 르포집입니다. 일본 당국의 자료는 찾을 수 없습니다.

하야시 에이다이는 조선인 강제동원 연구사에서 손꼽히는 성과를 낸 주인공입니다. 지쿠호라 불리는 후쿠오카 지역의 탄광에서 일본 본토, 남사할린에 이르기까지 많은 현장을 직접 찾아가 사진으로 남기고 관련자 인터뷰를 채록해 50권이 넘는 르포집과 자료집을 냈습니다. 르포집과 자료집은 현재 조선인 강제동원 연구에서 중요한 자료이며 생생한 피해의 실태와 함께 다양한 정책문서가 풍부합니다. 만약 『강제연행사 연구』가 하야시 에이다이 연구성과를 폭넓게 활용했다면 독자들에게 큰 도움이 되었을 것입니다.

이러한 점에서 앞에서 소개한 노영종의 박사논문(일제말기 충남지역 노동력 강제동원과 거부투쟁)도 마찬가지입니다. 이 논문의 제5장은 '강제노동의 실태'입니다. 노동현장의 실태를 노무관리와 노동환경이라는 두 가지 점에서 분석했는데, 활용한 자료는 위원회가 발간한 구술기록집입니다. 일본 당국 측 자료는 찾을 수 없습니다.

어떠한 자료이든 분석과 비판 없는 활용이란 있을 수 없습니다. 특히 구술기록은 구술자의 이야기 내면을 읽어내야 하는 자료입니다. 구술사연구는 구술자의 이야기를 일방적으로 전달하는 작업이 아닙니다. 구술자의 이야기에만 몰입하다 보면 자칫 연구 방향을 잃을 수 있습니다. 그런 까닭일까요? 이 연구자는 이후에도 구술기록을 의지해 색다른 주장을 하기도 했습니다.

"혈기 왕성한 조선인을 통제하기 위해 일하러 나가기 전에 '성욕'을 억제하는 주사까지 주입하였던 것이다."

2019년 9월 4일, 동북아역사재단이 국사편찬위원회·한국학중앙연구원과 함께 개최한 심포지엄 '일제 식민지 피해실태와 과제'의 발표문 가운데 일부입니다. 발표자는 '성욕'에 강조 표시까지 했는데, 발표문에는 입증 자료가 없습니다. 현장 취재 기자가 발표자(노영종)에게 근거를 물었더니 2006년 발간된 강제동원 피해자 구술집이라고 답했습니다. 비록 구술집에 나온 이야기라고 해도 경험자의 구술만으로 '성욕 억제 주사설'을 주장하는 것은 지나쳐 보입니다.

노무 동원 경로에 대한 오해

강제성 문제에서 구체적으로 돌아볼 문제는 노무동원 경로(작업장 입소 당시 경로)에 대한 설명 문제입니다. 노무동원의 경로는 모집, 관알선, 징용의 세 가지입니다. 세 가지에 대해 오랫동안 그리고 지금도 대부분의 연구는 여전히 단계별로 강제성이 강화되었다고 이해하고 학생들에게도 가르치고 있습니다. 이유는 무엇일까요.

노무동원 경로에 대한 오인과 오해를 불러일으키는 글쓰기 방식 때문이라고 생각합니다. 박경식은 '좀 더 강제적인 연행 정책'이라는 표현을 통해 모집에서 관알선으로 수송방법과 대상자 공출 방식이 강화되었다고 언급했습니다. '연행 정책'이라는 표현에서 동원과 수송방식의 변화라는 점을 명확하게 알 수 있습니다. 그러나 이후 인용자들은 '수송방법과 대상자 공출 방식=강제성'으로 인식했습니다. 방식의 차이 기준도 두 가지(모집→관알선) 단계에서, 세 가지(모집→관알선→징용) 단계로 표현했습니다. 그 결과 독자들은 강제성의 강화로 이해하게 되었습니다.

다네무라 통계를 소개한 다케우치도 2014년 발표문에서 "노무동원은 관알선에서 징용의 적용으로 점차 강화"되었다고 언급했습니다. 무엇이 강화되었다는 말인가요. 이 문장을 읽는 이들은 당연히 강제성이 강화되었다고 이해할 것입니다. 거듭 강조하지만, 강화된 것은 수송방법과 대상자 공출 방식입니다.

다케우치와 같은 방식의 문장은 국내 학계에서도 많이 볼 수 있습니다. 『일제의 노동정책과 조선노동자』(곽건홍, 2001)는 대표적인 강제동원 관련 연구서로 알려져 있습니다. 해당 문장은 "모집·알선·특별알선·징용, 근로보국대 등 직접적인 노동력 동원 방식은 점차 강제적 성격을 노골화했다."(112쪽)입니다.

이보다 앞서 발표한 『일제의 조선인노동력수탈 연구』(김민영, 1995)는 국내 최초의 학위논문을 책으로 발간한 연구서입니다. 이책에서도 관알선을 "보다 강제적인 노무동원정책"(88쪽)으로 표현했습니다. 박경식의 '좀 더 강제적인 연행 정책'이 '보다 강제적인 노무동원정책'으로 바뀐 듯 합니다.

"총독부는 국내외 노동력 수요에 대처하기 위해 <u>노동력의 동원</u>

방식을 모집·관알선·징용 등으로 강화하였다."(밑줄 – 인용자) 국
사편찬위원회 역사넷(http://contents.history.go.kr/front/nh/print.do?le
velId=nh_050_0020_0030_0030_0020&whereStr)은 '동원 방식'을 명시했습
니다. 그러나 이 표현도 정확한 것은 아닙니다. 동원 방식의 강화
는 모집에서 관알선으로 전환하는 시기에만 해당했지 세 가지 동
원 경로에 모두 해당한 것이 아닙니다.

또한 노무동원의 경로는 강제성의 강화가 아니라 동원의 책임
주체에 따른 분류입니다. 물론 시기가 지나면서 동원 연령이 낮아
지거나 노동실태가 열악해진 것은 사실입니다. 인력과 물자의 부
족 때문입니다. 그러나 그렇다고 세 가지 동원 경로를 강제성이 강
화되는 과정으로 보는 것은 무리가 있습니다.

이런 질문도 가능합니다. '강제성의 강화나 동원·수송방법의 강
화나 같은 말이 아닌가?'

글쎄요. 같은 말일까요. 강제성은 동원과정의 강제성에 그치지
않습니다. 강제성이란 동원과정의 사기와 기만, 노동현장에서 인
신적 구속, 약속 불이행을 포함한 포괄적 개념입니다. 그러므로 동
원정책, 동원과정, 노동실태, 귀환 과정을 포함한 큰 틀에서 인식
하고 평가해야 합니다.

이러한 점에서 볼 때 동원·수송방법은 강제성의 구성 요소 가
운데 하나입니다. 동원·수송방법의 차이=강제성의 차이는 될 수
없습니다. 경로는 경로일 뿐이니까요.

우리 스스로 강제성의 틀을 좁혀 버리는 길?

강제성을 큰 틀에서 보려고 하지 않고 강제성의 구성 요소 하나하나에 집중하는 방식은 강제성의 개념을 우리 스스로 제한하는 결과를 가져온다고 생각합니다. 앞에서 설명한 넓은 의미의 강제성이 아니라 좁은 의미의 강제성 개념에 갇히는 것이지요. 그런데도 동원·수송방법의 차이를 강제성의 차이로 오해한 단계적 강제성 강화라는 주장은 여전히 학계를 지배하고 강의를 통해 학생들에게 전파하고 있습니다.

더구나 동원·수송방법을 기준으로 단계별로 강제성이 강화되었다고 이해하게 되면, 모집단계는 가장 강제성이 약한 시기, 또는 없었던 시기가 됩니다. 자칫 자기 발로 갔으니까 강제가 아니라는 역사부정론자들의 논리에 빠지는 모순을 만드는 셈입니다.

한 가지만 더 이야기를 하고 넘어가겠습니다. 모집이라는 경로를 통해 조선인을 노무자로 데려갔던 시절의 사례 가운데 하나입니다.

1940년 7월부터 2개월간 조선에서 노무자를 모집했던 홋카이도 스미토모住友광업(주) 소속 우타시나이歌志內 탄광의 출장자가 작성한 보고일지에는 '경찰과 지방행정기구의 협조 속에 모집을 해결'한다는 내용이 나옵니다. 경찰서의 고등계 주임이 주재소에 전화를 걸어 압박하고 군청의 사회과 노무계 주임이 관내 각 면을 분담해 돌아다니면서 예정 인원수가 모이지 않는 면이 있으면 으름장을 놓는 방식으로 했다는 것입니다. 기업이 남긴 자료에 나오는 내용입니다.

조선총독부 노무과도 1940년에 일본으로 데려간 노무자의 10.9%가 강제모집으로 추정된다고 인정했습니다. 1942년 5월, 노무과 조사계 담당자가 『조선노무』라는 조선총독부 발간 잡지에 실은 기사 내용입니다.

이런 상황에 대해 당대 대표적인 친일파로 알려진 윤치호는 1940년 12월 19일자 일기(영문 일기)에서 답답한 심경을 밝혔습니다. "일본 내지(본토를 의미)는 농촌, 공장, 광산의 노동자 부족으로 심한 고통을 받고 있다. 하지만 조선 또한 노동력 부족을 느끼기 시작했다. 무슨 이유로 조선에서 강제이민을 시작하는 것인가."

위에서 소개한 사례는 모두 '모집'이라는 용어가 갖는 이면을 알수 있는 사례가 되겠지요. 노무자를 확보해야 한다는 목적을 달성하기 위해서는 '강제적 방법'을 적용해야 했고, 경찰의 '압박'과 '으름장'이 빠질 수 없었던 것입니다.

징용의 혼선

앞에서 소개한 세 가지 노무동원 경로에 대한 오해는 징용제도에 대한 혼선과 관련이 깊습니다. 징용제도에 대한 혼선이란 무엇일까요. 하나는 징용제도가 조선에 적용한 배경과 이유에 대한 오해입니다.

징용제도의 근거가 되는 국민징용령은 1939년 7월 일본에 공포했고, 10월에는 조선에도 적용했습니다. 그러나 조선인이 국민징용령에 따라 본격적으로 동원된 시기는 1944년 초입니다. 1943년 7월 20일자 제3차 국민징용령 개정(조선에는 9월 1일 적용)에 따라 1944년 2월에 조선총독부가 응징사복무규율을 공포하면서부터입니다. 인원수가 더 늘어난 것은 1944년 2월 18일자 국민징용령 제4차 개정령이 1944년 5월 조선에 적용한 이후 입니다.

"자칫 필요 없는 오해를 일으킬 염려가 있어서"(박경식, 『조선인 강제연행의 기록』, 1965, 50쪽)

"쓸데없는 오해와 마찰을 피하기 위해"(허수열, 「조선인 노동력의 강제동원의 실태」, 『일제의 한국 식민통치』, 1985, 327쪽)

"일제가 징용의 형식을 취하지 않고 모집의 형식을 택했던 것은 무엇보다도 민족적 저항을 두려워했기 때문"(전기호, 『일제시대 재일한국인 노동자 계급의 상태와 투쟁』, 2003, 32쪽)

"징용령의 발동이 조선인의 정서에서 저항을 부를 염려가 컸기 때문"(이상의, 『일제하 조선의 노동정책 연구』, 2006, 306쪽)

"조선에서 징용은 1941년 군요원에 한해 실시되었다. 근로보국대와 같은 광범한 동원수단이 있고, 조선 민중의 반발이란 정치적 이유도 고려하여 전면적인 실시는 1944년 2월 이후부터였다. 우선 공장·광산의 현원징용이 있었고, 8월부터 일반노무자의 징용이 시작되었다."(국사편찬위원회 역사넷)

연구성과에서 징용제도를 조선에 적용한 배경에 대한 표현을 살펴보면, '필요 없고 쓸데없는 오해'와 '저항' '정치적 이유'로 정리할 수 있습니다. 박경식과 허수열이 표현한 '필요 없고 쓸데없는 오해'는 전기호와 이상의를 거치면서 '민족적 저항'으로 확대되었습니다.

이들이 국민징용령을 조선인에게 곧바로 적용하지 않은 이유로 '저항'을 언급한 배경은 박경식이 인용한 자료의 해석과정에 있습니다. 박경식이 인용한 자료집은 대장성 관리국이 출간한『일본인의 해외활동에 관한 역사적 조사』라는 자료집 가운데 조선편 제9분책입니다.

이 자료집에는 "징용령의 발동이 자칫 필요 없는 오해를 일으킬 염려가 있어서"라는 문장이 나옵니다. 박경식은 이 문장을 "이것만 봐도 일본이 민족적 저항을 무엇보다 두려워했다고 생각된다."고 분석했습니다. 이 주장은 이후 조선에서 국민징용령이 1944년 초부터 실시된 이유로 정착했습니다. 박경식의 의견이 별다른 논의 없이 정설이 된 것입니다. 그렇다면 그렇게만 볼 수 있을까요.

징용으로 동원된 조선인 525,906명(일본으로 징용 222,082명, 조선으로 징용 303,824명)의 대부분은 1944년 이후에 동원되었습니다. 그러나 이전에도 징용은 있었습니다. 자료에 의하면, 1941년에 일본으로 4,895명, 1942년에 일본으로 3,871명, 조선으로 90명, 동남아로 135명이 징용으로 동원되었습니다. 그 외 1941년부터는 군징용도 실시되었습니다. 군징용은 '해군징용공원규칙' 등 국민징용령에 근거한 별도의 법령에 따라 수행했습니다.

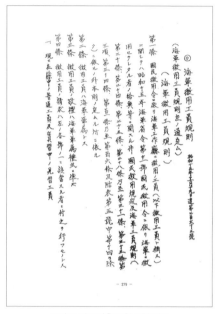

그림 8 해군징용공원규칙 일부

(樋口雄一 편『戰時下朝鮮人勞務動員基礎資料集』2, 綠蔭書房, 2000)

징용제도에 대한 두 번째 혼선이란 무엇일까요. 징용제도 적용 자를 1944년 이후에 확대한 것은 조선인만의 문제가 아니었습니 다. 연도별 동원 규모에서 보면 일본인도 마찬가지였습니다. 제1부 에서 설명한 바와 같이 초기에는 기술직으로 제한했기 때문입니다.

전시체제기에 일본인은 총 1,973,129명이 징용으로 동원되 었습니다. 그런데 연도별 징용 통계를 보면, 1941년 8월 57,256

명, 1942년 8월 56,094명, 1943년 8월 121,938명, 1943년 11월 369,665명, 1944년 2월 187,872명입니다. 1943년 11월이 제일 많습니다. '국가총동원심의회관계서류'라는 이름의 자료에서 찾은 통계입니다. 일본에서 출간한 『노동행정사』에 실려 있습니다.

결론적으로 말하면 일본인이나 조선인이나 국민징용령에 의한 대규모 동원은 모두 전쟁 말기의 일이었습니다. 일본인은 1943년 하반기부터, 그리고 조선인은 1944년 초부터 있었습니다. 제1부에서 언급한 바와 같이 제도, 비용과 책임의 문제가 있었기 때문입니다. 조금만 고민하면 답을 찾을 수 있습니다.

참고 문헌

佐渡鑛業所, 「半島勞務管理ニ就テ」(1943년 6월), 『在日朝鮮人史硏究』12, 1983.

勞働行政史刊行會, 『勞働行政史』, 1961.

박경식朴慶植 지음(1965)·박경옥 옮김, 『조선인 강제연행의 기록』, 고즈윈, 2008.

홍제환, 「전시기 조선인 동원자수 추정치 활용에 대한 비판」, 『경제사학』 제44호, 2008.

정혜경, 「아시아태평양전쟁에 동원된 조선인 관련 통계 자료」, 『한일민족문제연구』 제29호, 2015.

국무총리 소속 대일항쟁기 강제동원피해조사 및 국외 강제동원 희생자 등 지원위원회, 『활동결과보고서』, 2016.

도노무라 마사루外村大 지음(2012)·김철 옮김, 『조선인 강제연행』, 뿌리와 이파리, 2018.

정혜경, 『일본의 아시아태평양전쟁과 조선인 강제동원』, 동북아역사재단, 2019.

제3부

부록

1914. 8. 23. 일본, 독일에 선전포고. 제1차 세계대전 참전

1918. 4. 17. 일본, 군수공업동원법 제정

1931. 9. 18. 일본 관동군, 만주사변 일으킴.
           아시아태평양전쟁 개시

1931. 10. 8. 관동군, 진저우 폭격(제1차 세계대전 종결 후 최초의
           도시 폭격)

1931. 11. 19. 관동군, 몽골 치치하얼 점령

1932. 1. 28. 일본, 상하이 사변 일으킴

1932. 2. 5. 관동군, 하얼빈 점령

1932. 3. 1. 만주국 정부 수립

1933. 4. 10. 관동군, 중국 화북 지역 침입

1937. 7. 7. 일본, 중일전쟁 일으킴

1937. 7. 27. 조선총독부, 각도에 전시체제령 통첩

1937. 8. 24. 일본 각의, 국민정신총동원실시요강 결정, 일본과 조
           선에서 국민정신총동원운동 개시

1937. 9. 14. 조선총독부, 군수동원법 실시 결정

1937. 10. 1. 조선총독부, 황국신민의 서사 배포

1937. 11. 30. 일본 각의, '만주에 대한 청년이민송출에 관한 건' 승인

1937. 12. 13. 일본군, 난징 점령. 이 과정에서 부녀자와 인민군, 민
           간인을 대상으로 난징대학살 사건 일어남

1938. 2. 22. 일본, 조선인육군특별지원병령 공포(4.3. 시행)

1938. 3. 3. 조선총독부, 조선교육령 개정(조선인육군특별지원병
령을 실시하기 위한 조치)

1938. 3. 29. 일본, 조선총독부육군병지원자훈련소관제 제정 공포

1938. 4. 1. 일본, 국가총동원법 제정(5.5 일본·조선·타이완에
시행)

1938. 4. 2. 조선총독부, 조선총독부육군특별지원자훈련소 규정
공포

1938. 6. 11. 조선총독부 오노 정무총감, 학도근로대 구성과 운영
에 관한 통첩 발령

1938. 6. 15. 1938년도 전기 조선인 육군특별지원병 합격자 202명
훈련 개시. 경성제국대학교에 임시훈련소 설치(9.5.
경기도 양주군 노해면 공덕리로 훈련소 이전)

1938. 6. 21. 조선, 경기도 중등학교장 회담을 통해 근로보국대 조
직 결의

1938. 6. 22. 조선총독부 경기도 내무부장, 통첩(근로보국단 설치
에 관한 건)을 각 지역에 하달

1938. 6. 26. 조선총독부 오노 정무총감, 각도에 통첩(국민정신총
동원 근로보국운동) 발령

1938. 6. 28. 일본 각의, '군수품 생산상 필요한 노무대책 요강' 결
정. 조선총독부, 근로보국대 실시요강 발표

1938. 7. 1. 조선총독부 내무부장, 통첩 '국민정신총동원근로보
국운동에 관한 건' 발령

1938. 10. 27. 일본군, 중국 한커우·우창·칸요 등 우한 3진 점령

1938. 11. 11. 국가총동원법에 따른 국민등록제 실시

1939. 1. 24. 경남 거창과 김천 지역 농민 108명, 농업노무자로 팔
　　　　　　라우를 향해 출발

1939. 2. 7. 조선총독부, 내무국 사회과에 노무계 신설(최초의 노
　　　　　　무동원 전담 부서)

1939. 2. 10. 일본군, 중국 하이난도 상륙

1939. 7. 8. 일본, 국민징용령 공포(10.1. 조선에 시행)

1939. 7. 28. 일본 내무성·후생성차관, 정책 통첩(조선인 노무자
　　　　　　내지 이주에 관한 건) 송달. 모집방식의 일본지역 노
　　　　　　무동원 개시)

1939. 7. 31. 일본, 임금통제령 공포(조선 적용)

1939. 9. 1. 독일, 폴란드 침공(유럽에서 제2차 세계대전 발발)

1939. 10. 3. 조선인 노무자 이입 허가 조치에 따라 제1회 조선인
　　　　　　이입노무자 398명을 홋카이도탄광기선(주)에 배치

1939.10.18. 일본, 가격등통제령 공포(10.27 조선 적용)

1940. 2. 11. 조선총독부, 조선인 씨명변경에 관한 건 공포(창씨개
　　　　　　명제도 실시)

1940. 9. 22. 일본군, 북부 불령 인도차이나 진주

1940. 10. 19. 일본, 선원징용령 공포(11.10 조선 시행)

1941. 2. 27. 일본 내무성 경보국장, 통첩(조선인노무자 이주 촉진
　　　　　　에 관한 긴급조치) 발령

1941. 3. 1. 일본, 국민학교령 공포(3.31 조선에 적용)

1941. 3. 6. 일본, 국방보안법 공포(5.10 조선 시행)

1941. 3. 11. 일본, 노동자연금보험법 제정 공포(1944.2.15 후생
　　　　　　연금보험법으로 개편)

1941. 4. 6. 소일불가침조약 조인(1945.8 소련이 중립조약을 파

기하고 대일 선전포고)

1941. 4. 22. 독일과 소련간 전쟁 개시

1941. 6. 28. 조선노무협회 창립(조선인 노무동원을 위해 조선총독부 노무과에 설립한 행정보조단체)

1941. 7. 2. 일본 어전회의, 제국국책요강(영국·미국과 전쟁을 불사하며 소련과 전쟁을 준비) 결정

1941. 7. 23. 프랑스와 일본, 인도차이나방위협정 성립(일본군의 남부 불령 인도차이나 주둔 교섭 타결. 7.28 일본군, 남부 인도차이나 진주)

1941. 7. 25. 미국, 자국 내 일본 자산 동결

1941. 8. 1. 미국, 대일석유수출 전면 금지

1941. 8. 29. 일본 각의, 노무긴급대책요강 결정

1941. 9. 6. 일본 어전회의, 제국국책수행요령(10월 하순을 목표로 미·영·네덜란드와 전쟁 준비 완성) 결정

1941. 10. 2. 미국, 일본에 불령 인도차이나와 중국에서 철병을 요구하는 국무장관 헐 노트 전달

1941. 11. 5. 일본 어전회의, 미·영·네덜란드를 대상으로 하는 작전준비명령 하달

1941. 11. 22. 일본, 국민근로보국협력령 공포(12.1 조선 시행)

1941. 12. 1. 일본 어전회의, 미·영·네덜란드 대상 개전 결정

1941. 12. 2. 일본 후생성, 노무동원실시계획에 의한 조선노무자 내지이입에 관한 건 발표

1941. 12. 6. 일본, 노무조정령 공포(당일 조선 시행)

1941. 12. 8. 일본, 말레이 반도와 하와이 진주만 기습 공격, 미·영에 선전포고. 태평양전쟁 개시

1941. 12. 10. 일본군, 괌섬 점령, 필리핀 북부 상륙

1941. 12. 12. 일본, 전쟁 명칭을 대동아전쟁으로 결정

1941. 12. 19. 일본 육군성, 포로정보국 관제 공포 시행(포로수용소 설치 근거)

1941. 12. 25. 일본군, 홍콩 점령

1942. 1. 2. 일본군, 필리핀 마닐라 점령

1942. 1. 14. 조선총독부, 조선군사령 공포

1942. 1. 17. 일본군, 버마 진격 개시

1942. 1. 23. 일본군 비스마르크 제도 라바울 점령

1942. 1. 29. 일본, 학도근로동원 개시

1942. 2. 18. 일본군, 싱가포르 점령

1942. 3. 1. 일본군, 자바섬 상륙

1942. 3. 8. 일본군, 랑군 점령, 뉴기니아 상륙

1942. 3. 24. 조선군 경리부, 육군성 지시로 포로수용소 설치(경성·인천·흥남에 연합군포로수용소 설치)

1942. 4. 18. 조선총독부, 저축목표를 9억원으로 결정. 미육군 B-25 두리틀 폭격대, 도쿄·나고야와 고베 등 일본 본토를 최초 폭격

1942. 5. 1. 일본군, 버마 만달레 점령(남방 진공 일단락)

1942. 5. 22. 조선총독부 정보과, 조선인 청년의 포로감시원 요원 채용 계획 발표

1942. 6. 5. 미드웨이 해전 발발(6.7 일본군 패전)

1942. 6. 15. 조선인 포로감시원 지원자 3,223명, 부산 서면 소재 임시군속교육대 입소

1942. 7. 18. 조선총독부 정보과, 조선 청년을 해군군속으로 채용

한다고 발표(남방파견해군설영대)

1942. 7. 28. 일본, 해군특별지원병령 공포

1942. 8. 7. 미군, 과달카날 상륙 개시(8.21 일본군 전멸)

1942. 8. 10. 조선인포로감시원, 말레이시아와 자바 포로수용소를 향해 부산을 출발

1942. 9. 26. 조선총독부, 조선기류령 공포

1942. 10. 1. 조선청년특별연성령 공포(12.1 조선인청년특별연성소 개설. 미취학 징병 대상자)

1942. 11. 18. 만주국, 국민근로봉공법(징병제)·국민근로봉공대평성령 공포

1942. 12. 8. 일본군, 뉴기니아 바사부아에서 전멸

1943. 1. 6. 일본군, 뉴기니아 부나에서 전멸

1943. 3. 1. 일본, 병역법 개정(조선에 징병제 시행)

1943. 4. 1. 조선에서 제1회 징병검사 개시

1943. 4. 20. 일본 연합함대사령장관 야마모토 대장, 전선시찰 도중 솔로몬 상공에서 전사

1943. 5. 11. 일본 각의, 조선인 및 타이완 대상 해군특별지원병제 신설 결정

1943. 5. 12. 미군, 아투섬 상륙(일본군 수비대 전멸, 전사자 2,500명)

1943. 6. 3. 조선총독부, 해군지원병모집요강 발표

1943. 7. 27. 일본, 해군특별지원병령 공포(8.1. 조선 시행)

1943. 8. 1. 조선에 징병제 실시 결정. 개정병역법 시행(징병제 시행 근거). 전 조선 징병 적령자 신고

1943. 9. 1. 조선에 개정 국민징용령 시행(몽땅 동원 체제에 들어감)

1943. 10. 1. 조선인 해군지원병 1기생, 진해 해군지원병훈련소 입소. 일본군, 솔로몬군도 코론반가라섬 철퇴

1943. 10. 6. 일본군, 솔로몬군도 배라리배라섬 철퇴

1943. 10. 8. 조선총독부, 생산증강노무강화대책요강 발표(여성노무동원 적극 활용 방안)

1943. 10. 20. 일본 육군성, 육군특별지원병임시채용규칙 발표(학도지원병 제도 실시 근거)

1943. 10. 25. 조선, 조선인 학도지원병 징병검사 실시

1943. 10. 31. 일본, 군수회사법 제정 공포

1943. 11. 1. 미·영·소 연합국 수뇌, 잔학행위에 관한 성명서 발표. 미군, 솔로몬군도 부겐빌섬 상륙

1943. 11. 21. 미군, 길버트 제도 마킨과 타라와 섬 상륙

1943. 11. 27. 미·영·중 수뇌, 카이로 선언 발표(조선 독립 보장 내용 포함)

1943. 12. 9. 조선 경성무학여고생(조선인 포함), 해군봉사대(군속) 결성

1944. 1. 14. 일본, 제1회 군수회사(149개사) 지정

1944. 1. 20. 조선인 학도지원병 입영

1944. 2. 1. 미군, 마샬제도 콰젤란과 리에트 상륙

1944. 2. 7. 미군, 캐롤라인제도 추크섬 공습

1944. 2. 8. 국민징용령 제16조에 따른 응징사복무규율 공포 시행. 광산과 군수공장에서 현원징용 단행

1944. 2. 18. 인도네시아 자바에서 항일봉기 발발(자바 최초의 항일 투쟁)

1944. 3. 18. 일본 각의, 여자정신대제도 강화방책요강 결정(여자

정신대 동원 근거)

1944. 3. 20. 평양여자근로정신대 제1대, 군소속 공창으로 출동

1944. 3. 31. 일본군 연합군 고가 함대함장관 행방불명(순직 처리)

1944. 4. 23. 조선, 군무예비훈련소 설치

1944. 4. 1. 조선, 제1회 징병 검사 실시, 해병단 입대

1944. 4. 25. 일본, 제2회 군수회사(424개사) 지정

1944. 5. 9. 해군지원령 중 개정안 공포 시행(해군병 징모제로 변경). 조선여자정신대 경남반, 일본 도야마현 후지코시강재(주)에 동원

1944. 6. 6. 일본, 여자정신대에 관한 칙령안 요강 결정

1944. 6. 15. 미군 마리아나제도 사이판 섬 상륙(일본 수비대 3만명 전멸)

1944. 6. 19. 일본군, 마리아나해전 참패

1944. 7. 21. 미군, 괌섬 상륙(일본 수비대 18,000명 전멸)

1944. 7. 24. 미군, 티니안섬 상륙(일본 수비대 8,000명 전멸)

1944. 8. 4. 미중 연합군, 버마 무도키나 점령

1944. 8. 8. 일본 각의, 반도인노무자 이입에 관한 건 결정. 미군, 사세보 군항 공습

1944. 8. 23. 일본, 여자정신근로령과 학도근로령(8,30 조선 시행) 공포

1944. 9. 1. 조선, 징병제 실시로 인해 현역병으로 입대 개시

1944. 9. 8. 미군 B-29 전투기 100여대, 남만주 공습

1944. 9. 10. 일본군, 중국 윈난성에서 수비대 1400명 전멸

1944. 9. 15. 일본군, 중국 덩위에서 수비대 1500명 전멸

1944. 9.1 6. 미군, 이시카와현 공습

1944. 10. 10. 미군, 오키나와 공습

1944. 10. 17. 미군 B-29 전투기, 타이완 공습

1944. 10. 20. 미군, 필리핀 중부 레이티섬 상륙

1944. 10. 25. 일본 해군 자살특공대, 레이테만에서 최초로 미군함 공격. 미군, 일본 본토 공습 재개

1944. 10. 27. 조선총독부, 군수회사법 시행

1944. 11. 11. 미군, 제주도 공습

1944. 11. 24. 미군, 도쿄지구 최초 공습

1944. 12. 29. 인도네시아 자바 수모워노 훈련소 연병장에서 조선인 포로감시원들이 고려독립청년당 창당(1945.1.4. 항일무장투쟁 일으킴)

1945. 2. 9. 대한민국임시정부, 독일과 일본에 선전포고

1945. 2. 19. 미군, 이오지마 상륙(일본군 수비대 23,000명 전멸)

1945. 2. 21. 조선, 해군특별지원병 임시모집 실시

1945. 3. 6. 일본, 국민근로동원령 공포(4.1 조선 적용)

1945. 3. 9. 미군의 도쿄 대공습으로 23만호 소실, 사상자 12만 명 발생(조선인 1만명 포함)

1945. 3. 13. 미군의 오사카 대공습으로 13만호 소실

1945. 3. 23. 일본 각의, 국민의용대 조직에 관한 건 결정(조선 적용)

1945. 4. 1. 미군, 오키나와 본섬 상륙

1945. 4. 29. 부관연락선 일반 승객 승선 금지

1945. 5. 1. 조선, 전조선 240개소에 징병준비훈련소 개소

1945. 5. 5. 미군, 서남해안 선박 공격

1945. 5. 7. 독일, 연합군에 무조건 항복

1945. 6. 16. 조선총독부, 국민의용대 조직 요강 발표(7.7 국민의

용대 조선총사령부 결성)

1945. 7. 4. 미군, 전남 광주와 충남 대전 공습

1945. 7. 19. 미·영·소 연합국 수뇌, 포츠담에서 전후 처리 검토
(7.26. 포츠담 선언 발표)

1945. 8. 6. 미군, 히로시마에 원폭 투하

1945. 8. 8. 소련, 대일선전포고

1945. 8. 9. 미군, 나가사키에 원폭 투하. 소련군, 경흥 일대로 진
격. 일본 내각, 포츠담 선언 수락 결정(8.14. 어전회
의 결정)

1945. 8. 13. 소련군, 청진 상륙

1945. 8. 14. 일본 정부, 육군성 등 정부기관의 중요 기밀문서 소
각 결정

1945. 8. 15. 일본 포츠담 선언 수락 발표(제2차 세계대전 종결).
한반도에 조선건국준비위원회 발족

1945. 8. 16. 일본 대본영, 육해군에 전쟁중지 명령(정전 명령) 하달

1945. 8. 22. 일본 본토 전투 정지

1945. 8. 25. 홋카이도와 외지부대 전투 정지

1945. 8. 2 8. 연합군 총사령부를 요코하마에 설치, 미군 선견대 도착

1945. 9. 2. 항복문서 조인(미주리호), 항복조서 발표, 항복기념
일, 대일본전승기념일

1945. 9. 3. 소련, 북방 4도 점령 완료, 전승기념일(9.5 점령 완
료). 중국, 항일전승기념일

1945. 9. 7. 오키나와 주둔 일본군, 공식 항복문서 조인

1945. 9. 9. 조선 주둔 일본군 및 총독, 항복문서 조인(9.19 총독
귀국)

■ 2. 강제동원 피해 규모

〈표 1〉 강제동원 피해규모: 연인원

노무자동원			계	군무원 동원		계
한반도 내	도내동원	5,782,581	6,488,467	일본	7,213	60,668
				조선	12,468	
	관 알 선	402,062		만주	3,852	
				중국	735	
	국민징용	303,824		남방	36,400	
				군인 동원		계
한반도 외	국민징용	222,217	1,045,962	육군특별 지원병	16,830	209,279
				학도지원병	3,893	
	할당모집 관 알 선	823,745		육군징병	166,257	
				해군 (지원병 포함)	22,299	
총계	7,804,376					

※ 범례

1. (총계) 1인당 중복 동원 포함

2. (동원 실수) 최소 2,021,995명(한반도 노무자동원 중 도내동원 제외한 수) 이상으로 추산

3. (지역 구분)
   - (국내) 6,552,883명[노무자 6,488,467, 군무원 12,468, 군인 51,948]
   - (국외) 1,251,493명[노무자 1,045,962, 군무원 48,200, 군인 157,331]

4. 군무원 총수는 피징용자 동원수를 제외한 수

5. 위안부 피해자 제외

6. 군인(병력)동원수 가운데 1945년 8월 기준 한반도 주둔군 숫자는 51,948명

※ 근거자료
   - 大藏省 管理局 編, 「戰爭と朝鮮統治」, 『日本人の海外活動に關する歷史的調査』통권 제 10책 朝鮮篇 제9분책, 1947, 69쪽, 71쪽

- 厚生省 調査局, 『朝鮮經濟統計要覽』, 1949년판
- 朝鮮總督府, 「第85回 帝國議會說明資料」, (『조선근대사료연구집성』제4호 수록)
- 近藤釰一 編, 「最近に於ける朝鮮の勞務事情」, 『太平洋戰下の朝鮮(5)』, 友邦協會, 1964, 170쪽
- 內務省 警報局, 『在日朝鮮人の槪況』, 「第3節 志願兵制度と徵兵制による渡來」(『특심자료제 1집』, 1949)
- 朝鮮軍司令部, 『朝鮮軍槪要史』(복각판, 宮田節子 編, 不二出版社, 1989)
- 朝鮮總督府, 『朝鮮事情』1941~1943년 각년도판

〈표 2〉 위원회 통계를 산출하는데 사용한 통계와 주요 자료

대장성 관리국	「戰爭と朝鮮統治」, 『日本人の海外活動に關する歷史的調査』통권 제10책 朝鮮篇 제9분책	1947
후생성 건민국	「第86回 帝國議會說明資料」	1943
후생성 조사국	『朝鮮經濟統計要覽』	1949
후생성 근로국	『米國戰略爆擊調査團報告書』	1945~1947
내무성 경보국	『특고월보』	1939~1944
내무성 경보국	『在日朝鮮人の槪況』, 「第3節 志願兵制度と徵兵制による渡來」(『特審資料 제 1집』)	1949
기획원 제3부	『昭和 17年度 國民動員實施計劃策定に關する件 參考資料』	1942
기획원 제3부	『昭和 18年度 國民動員實施計劃策定に關する件 參考資料』	1943
조선총독부	『高等外事月報』	1939~1940
조선총독부	『朝鮮事情』	1941~1943
조선총독부	「第85回 帝國議會說明資料」, 「第86回 帝國議會說明資料」	1943
조선군사령부	『朝鮮軍槪要史』(복각판, 宮田節子 編, 不二出版社, 1989)	
近藤釰一	「最近に於ける朝鮮の勞務事情」, 『太平洋戰下の朝鮮(5)』, 友邦協會	1964

<표 3> 노무동원 피해 규모(한반도 외)

연도별	1. 국민징용		2. 모집, 관알선					
	일본	남방	일본					
			석탄광산	금속광산	토목건축	항만운송	공장기타	소계
1939			24,279	5,042	9,479			38,800
1940			35,441	8,069	9,898		1,546	54,954
1941	4,895		32,415	8,942	9,563		2,572	53,492
1942	3,871	135	78,660	9,240	18,130		15,290	121,320
1943	2,341		77,850	17,075	35,350		19,455	149,730
1944	201,189		108,350	30,900	64,827	23,820	151,850	379,747
1945	9,786							
소계	222,082	135	356,995	79,268	147,247	23,820	190,713	798,043

연도별	2. 모집, 관알선					
	남사할린				남양	만주
	석탄광산	금속광산	토목건축	소계		
1939	2,578	190	533	3,301		
1940	1,311		1,294	2,605	814	
1941	800		651	1,451	1,781	1,058
1942	3,985		1,960	5,945	2,083	1,554
1943	1,835		976	2,811	1,253	1,046
1944						
1945						
소계	10,509	190	5,414	16,113	5,931	3,658
총계	1,045,962					

1. 大藏省 管理局 編, 「戰爭と朝鮮統治」, 『日本人の海外活動に關する歷史的調査』 통권 제10책 朝鮮篇 제9분책, 1947, 69쪽
2. 『조선경제통계요람』, 1949년판(후생성 조사국 작성)
3. 조선총독부, 「제85회제국의회설명자료」, 『조선근대사료연구집성』 제4호 수록
4. 조선총독부 편, 『조선사정』 1941~1943년 각년도판

〈표 4〉 노무동원 피해 규모(한반도 내)

연도별	1. 관알선						1. 道內동원 (보국대,할당 모집 등)	2. 국민 징용
	군수	광업	교통	공업	토건	계 (관알선)		
1938년	–	41	34		19,441	19,516	74,194	
1939년	–	2,735	647		41,907	45,289	113,096	
1940년	–	2,714	901		57,912	61,527	170,644	
1941년	1,085	1,494	646		43,662	46,887	313,731	
1942년	1,723	4,943	287		42,086	49,039	333,976	90
1943년	1,328	11,944	186	5,316	40,150	58,924	685,733	648
1944년	4,020	14,989	–	3,214	54,394	76,617	2,454,724	173,505**
1945년	4,312	2,071	252	–	37,628	44,263	1,636,483*	129,581**
소계	12,468	40,931	2,953	8,530	337,180	402,062	5,782,581	303,824
계	6,488,467							

* 중복 인원 포함

1. 大藏省 管理局編, 『日本人の海外活動に關する歷史的調査』 통권 제10책, 朝鮮篇 제9분책, 1947, 71쪽;허수열, 「조선인 노동력의 강제동원의 실태」, 차기벽 엮음, 『일제의 한국식민통치』, 정음사, 1985

2. 大藏省 管理局 編, 「戰爭と朝鮮統治」, 『日本人の海外活動に關する歷史的調査』통권 제10책 朝鮮篇 제9분책, 1947, 69쪽

■ 3. 전시체제기 일본에서 일으킨 조선인 노무자의 파업 사례

1939. 2. 16.   해군관계 공사장[熊毛郡]에서 일하던 미즈노구미(水野組) 소속 조선인 230명과 일본인 노동자 120명이 임금지불을 요구하며 파업 [山口縣]

1939. 4. 7.   동양세멘트 고쿠라(小倉)공장의 조선인노무자 112명이 민족차별에 의한 임금에 반대하고 파업[福岡縣]

1939. 11. 7.   미쓰비시(三菱)광업 데이네(手稻)광산에서 낙반사고로 사망한 이성만(李成万)의 장례 등을 요구했으나 거부당하자 조선인 노무자 292명 전원이 폭동을 일으켰으나 경찰이 개입하여 8명을 체포하고 2명을 송환조치[北海道]

1939. 11. 15.   유바리(夕張)탄광의 조선인 노무자 238명이 회사측의 폭행에 항의하고 입갱을 거부[北海道]/ 유베츠(雄別)탄광회사 우라호로(浦幌)탄광의 조선인노무자 130명이 일본인노동자의 폭행에 항의하고 입갱 거부[北海道]

1939. 11. 19.   이와키(盤城)탄광회사에서 일하던 조선인 노무자 138명이 급여의 강제저금조치에 항의하며 파업[山口縣]

1939. 11. 21.   미쓰이(三井)탄광회사 비바이(美唄)탄광의 조선인 노무자 98명이 낙반사고가 발생한 점에 대해 안전보장을 요구하고 입갱 거부[北海道]

1939. 12. 23. 미쓰이(三井)탄광회사 비바이(美唄)탄광의 낙반사고로 조선인 갱부 1명이 사망한 일이 발생하자 조선인 노무자 198명 가운데 55명이 입갱을 거부하고 월 2회 휴일과 임금 문제를 요구하며 파업[北海道]

1939. 1. 2. 일본탄업주식회사 신야마노(新山野)탄갱에서 일하던 조선인 노무자 170명이 민족차별에 반대하여 파업[福岡縣]/ 스미토모(住友) 고노마이(鴻之舞)광산에서 조선인 노무자 280명이 일본인노동자의 조선인에 대한 폭행에 항의하고 시설개선 등을 요구하며 파업[北海道]

1940. 1. 24. 이리야마(入山)탄광에서 조선인 갱부가 일본인 갱부의 폭행으로 사망하자 조선인 갱부 430명이 회사의 책임을 주장하며 항의하는 가운데 난투가 벌어지고 파업에 돌입하던 중 경찰에 의해 3명이 체포당함[福島縣]

1940. 1. 30. 이와야(岩屋)탄광의 조선인 노무자 30명이 대우개선을 요구하며 파업을 했으나 경찰서의 강압으로 진압[佐賀縣]

1940. 3. 12. 미쓰비시(三菱)광업 오유바리(大夕張)탄광의 조선인 노무자 140명이 노무계의 폭행에 대해 노무계 경질을 요구하고 파업[北海道]

1940. 3. 17. 유베츠(雄別)탄광회사 유베츠광업소의 조선인 노무자 457명이 고용기간 엄수와 12시간 노동시간을 요구하며 파업[北海道]

1940. 4. 1. 쇼와(昭和)광업회사 신호로나이(新幌內)광업소의 조선

인 노무자 328명이 창문의 격자 철회를 요구하고 파업[北海道]

1940. 4. 4.　일본광업주식회사 사가노세키(佐賀關) 제련소에 동원된 조선인 노무자 350명 가운데 70명이 파업(당일 해결)[大分縣]

1940. 7. 13　후타미(二見)상점[中河內郡 龍華町]의 조선인 여공 163명 가운데 119명이 임금산정방식에 항의하여 파업에 돌입[大阪]

1941. 6.　기슈(紀州)광산 소속 조선인 노무자 113명이 미곡 증배를 요구하고 파업[三重縣]/ 이와키(磐城)탄광 소속 조선인 280명이 식량 증배를 요구하고 파업[福島縣]

1941. 10. 7.　고토가와(厚東川)댐 공사장[厚狹郡 二保瀨村]에서 노동자 400명 가운데 조선인 노무자 330명이 '1일 12시간의 노동시간을 단축할 것''대우를 개선할 것' 등을 내걸고 파업에 들어갔으나 경찰이 개입해서 15명을 체포하고 강제로 취로시킴[山口縣]

1942. 1. 6.　일본광업회사 도요하(豊羽)광산 소속 조선인 갱부 40명이 계약만료로 귀국을 요구하며 태업[北海道]

1942. 1. 11.　미쓰비시(三菱) 호죠(方城)탄갱에 강제동원된 소속 조선인 갱부 77명이 대용식(代用食) 혼입 등 차별대우에 항의하여 태업을 한 혐의로 6명 체포당함[福岡縣]

1942. 1. 31.　미쓰이(三井) 미이케(三池)광업소에서 1.15. 근로보국대로 입산한 조선인 갱부 206명 가운데 38명이 식량문제로 항의하고 무단으로 작업을 거부하자 오무타 경찰서에서 전원을 입갱시키고 주모자 1명을 체

포[福岡縣 大牟田市]

1942. 2. 1.   다가와(田川)광업소 소속 조선인 노무자 190명이 수위에게 동료 4명이 폭행을 당한 일로 전원 태업[山形縣]

1942. 2. 23. 미쓰이(三井)광산 스나가와(砂川)광업소 소속 조선인 노무자 326명이 식량반감에 항의하여 입갱을 거부하며 파업에 돌입했으나 15명이 체포당함[北海道]

1942. 4. 29. 미쓰비시(三菱) 사도(佐渡)광업소 소속 조선인 노무자 3명이 경관에 연행되자 동료 160명이 사무소로 난입하여 항의하다가 8명이 체포당함[新潟縣]

1942. 7. 6.   일본발전공사 작업장에서 조선인 노무자 1명이 행방불명되자 동료 130명이 한바가시라(飯場頭)에게 살해되었다고 주장하며 파업[靜岡縣]

1942. 7. 12. 히가시미죠메(東見初)탄광에서 조선인 노무자 299명이 동원 당시의 조건과 다른 조건에 대해 항의하고 분규[山口縣 宇部市]

1942. 10. 16. 미쓰이(三井) 비바이(美唄)광업소에서 한일노동자간 충돌이 일어나 5명이 체포당함[北海道]

1943. 1. 12. 요츠야마(四ッ山)탄갱에서 한일 갱부가 충돌하여 조선인 갱부 16명이 체포된 일로 동료의 석방을 요구하며 90명이 태업[熊本縣 荒尾市]

1943. 2. 3.   닛산(日産)자동차 다카마쓰(高松) 우메키(梅木) 훈련소[遠賀郡]에서 조선인 노무자 97명이 식량부족을 항의하고 단식동맹을 결성했으나 노무계가 진압[福岡縣]

1943. 5. 20. 고쿠라(小倉)제강회사의 조선인 노무자 170명 가운데 48명이 물품배급부족에 대한 불평등으로 파업

(당일 해결)[福岡縣 小倉市]

1943. 7. 15. 일본광업주식회사 산요(山陽)무연광업소에서 일하는
조선인 노무자 80명이 동료가 사감에게 구타당한
일로 파업[山口縣]

1943. 7. 26. 우베(宇部)흥산 오키노이와(沖ノ岩) 광업소에서 일하는
조선인 노무자 190명은 지도원이 백미(白米)를 반출
하는 현장을 발견하고 태업을 하다가 5명이 체포당
함[山口縣 宇部市]

1943. 8. 22. 히라야마(平山)광업소의 조선인 노무자 138명이 식
량부족을 이유로 파업(관할 경찰서가 개입하여 진
압)[福岡縣]

1943. 11. 7. 다카마쓰(高松)탄광 제1갱 가타야마(片山)제3훈련소에
서 식량배급문제로 서무회계 사무 담당자(村井廣海)와
수용 중인 조선인 사이에 충돌이 일어나 50명의 조선
인들이 사무담당자를 살해하고 사무소를 습격. 조선
인들이 제3훈련소 대장인 고원(高原)과 노무자 고순대
(高順大. 관서대학 법학부 출신. 제주도 출생)의 지도로 대우
개선을 요구하는 요구서를 제출하고 입갱을 거부하
자 경관대가 개입하여 고원 이하 2명을 체포하고 수
십 명을 연행함으로써 10일에 진압[福岡縣]

1944. 4. 미쓰비시(三菱) 이즈카(飯塚)광업소의 조선인 노무자
68명이 계약이 만료됨에 따라 귀환을 요구하며 파
업[福岡縣 飯塚市]

1944. 5. 4. 히가시미죠메(東見初) 탄광회사의 조선인 노무자 95
명이 계약만료에 따른 귀환을 요구하며 파업[山口縣

宇部市]

1944. 6. 20. 가야누마(茅沼)광업소 소속 조선인 노무자 사망사고
를 둘러싸고, '료장의 폭행으로 사망했다'고 주장하
며, 조선인 노무자 250명이 항의하고, 조선인 노무
자 400명이 파업을 일으켰으나 98명이 체포당함[北
海道]

1945. 2. 26. 고마쓰(小松)제작소에 동원된 미택한택(米澤美澤) 등 5명
이 조선독립운동을 전개하고 강제동원된 동료 50명
가운데 29명을 탈출시키고, 21명에게 태업으로 생산
에 차질을 빚도록 한 혐의로 체포당함[石川縣 小松市]

1945. 4. 18. 미쓰비시(三菱) 나가사키(長崎)조선소에 동원된 조선
인 노무자 170명이 식사배급에 반대하여 항의하다
가 13명이 체포당함[長崎縣]

제29호 강제노동에 관한 협약(1930년)[1]
Forced Labour Convention, 1930 (No. 29)

1919년 제1차 세계대전 이후 열린 파리 평화회담에서 설립이 결정된 국제노동기구(ILO)는 보편적 노동기준의 확산을 위하여 거의 200개에 달하는 협약들을 채택하고, 회원국들은 이를 비준하여 국내적으로 이행하는 방식을 취하고 있다. 이 중에서도 1930년 채택되어 1932년 발효된 제29호 강제노동협약은 그 자체가 ILO의 8개 기본협약 중 하나로 중요도가 높다. 또한 강제노동협약은 총 178개국이 비준하였을 정도로 보편적 최소 노동기준을 제시하고 있다고 할 수 있다.[2]

ILO 강제노동협약 제11조 제1항은 "누가 봐도 알 수 있는 나이가 18세 이상 45세 이하인 신체 건강한 성인남자만 강제노동에 동원할 수 있다"고 규정하여 미성년자와 여성의 강제노동을 금지하고 있다.

---

1 고용노동부 〉 정책자료실 〉 ILO 주요협약
   https://www.moel.go.kr/policy/policydata/view.do?bbs_seq=1502697184160
2 ILO, Conventions and Recommendations, 〈https://www.ilo.org/global/standards/introduction‑to‑international‑labour‑standards/conventions‑and‑recommendations/lang—en/index.htm〉; ILO, Ratifications of C029 ‑ Forced Labour Convention, 1930 (No. 29), 〈https://www.ilo.org/dyn/normlex/en/f?p=NORMLEXPUB:11300:0::NO:11300:P11300_INSTRUMENT_ID:312174:NO〉.

1930년 ILO 강제노동협약은 일본이 1932년에 비준을 하였으므로 강제동원의 강제성을 논의에서 중요한 법적 의미를 갖는다.(정혜경)

강제노동 협약[3]

전문

국제노동기구 총회는,

국제노동기구 사무국 이사회가 1930년 6월 10일 제네바에서 소집한 제14차 회기를 개최하고,

회기 의제의 첫 번째 안건에 포함된 강제노동에 관한 제안을 채택하기로 결정하며,

이 제안이 국제협약 형식을 취할 것을 결의하여,

「국제노동기구헌장」 규정에 따라 국제노동기구 회원국이 비준할 수 있도록 1930년 강제노동 협약이라고 부를 다음의 협약을 1930년 6월 28일 채택한다.

제1조

1. 이 협약을 비준하는 국제노동기구 회원국은 가능한 한 조속히 모든 형태의 강제노동 사용을 금지할 것을 약속한다.

2. 이러한 완전한 금지를 위하여, 강제노동을 사용하는 것은 과

---

3 번역 및 자료제공 : 신희석(법학박사)

도기 동안 공공의 목적을 위해서만 예외적 조치로서 할 수 있으며, 아래에 규정하는 조건 및 보장사항에 따른다.

3. 이 협약의 발효 후 5년의 기간이 만료되고 국제노동기구 사무국 이사회가 이 협약 제31조에 규정된 보고서를 작성할 때, 이사회는 추가적인 과도기를 두지 않고 모든 형태의 강제노동을 금지할 수 있는지 그리고 이 문제를 총회 의제로 상정하는 것이 바람직한지를 고려한다.

제2조

1. 이 협약의 목적상 강제노동은 어떤 사람이 처벌의 위협하에서 강요받았거나 자발적으로 제공하지 않은 모든 노동이나 서비스를 의미한다.

2. 그럼에도 불구하고, 이 협약의 목적상 강제노동은 다음을 포함하지 않는다.

가. 전적으로 군사적 성격의 작업에 대해서 의무병역법에 따라 강요되는 노동 또는 서비스

나. 완전한 자치국 국민의 통상적인 시민적 의무의 일부를 구성하는 노동 또는 서비스

다. 법원 유죄 판결의 결과 강요되는 노동 또는 서비스. 다만, 이러한 노동또는 서비스는 공공기관의 감독 및 관리하에서 실시되며, 민간인, 민간회사 또는 민간단체에 고용되거나 그 지휘 아래에

있지 않는다.

라. 긴급한 경우, 즉 전쟁이나 화재, 홍수, 기근, 지진, 극심한 전염병이나 가축 전염병, 동물이나 곤충류 또는 식물해충의 침입과 일반적으로 주민 전체 또는 일부의 존립이나 안녕을 위태롭게 하는 모든 상황과 같은 재해나 그러한 재해의 우려가 있는 경우 강요되는 노동 또는 서비스

마. 공동체의 직접적인 이익을 위하여 공동체 구성원이 수행하고, 따라서 공동체 구성원이 부담해야 하는 통상적인 시민적 의무라고 고려될 수 있는 소규모 공동체 서비스. 다만, 공동체의 구성원 또는 공동체의 직접적인 대표자는 이러한 서비스의 필요성에 대하여 상의할 권리를 가진다.

제3조

이 협약의 목적상 권한 있는 기관은 본국의 정부기관 또는 해당 영역에서의 최고 중앙기관을 의미한다.

제4조

1. 권한 있는 기관은 민간인, 민간회사 또는 민간단체의 이익을 위하여 강제노동을 부과하거나 이를 허가하지 않는다.

2. 국제노동기구 사무국 사무총장이 회원국의 이 협약 비준을 등록한 시점에 민간인, 민간회사 또는 민간단체의 이익을 위한 강

제노동이 존재하는 경우, 해당 회원국은 이 협약이 그 회원국에 대하여 발효하는 날부터 그 강제노동을 완전히 금지한다.

제5조

1. 민간인, 민간회사 또는 민간단체에 주어진 영업권은 그 민간인, 민간회사 또는 민간단체가 이용하거나 거래하는 제품의 생산 또는 수집을 위한 어떠한 형태의 강제노동도 수반하지 않는다.

2. 이와 같은 강제노동과 관련된 규정이 포함된 영업권이 존재하는 경우, 이 협약 제1조를 준수하기 위하여 그 규정을 가능한 한 조속히 폐지한다.

제6조

행정기관의 직원은 자신의 책임하에 있는 주민에 대하여 어떠한 형태의 노동에 종사하도록 장려할 임무가 있는 경우라 하더라도, 이러한 주민 또는 그 중 어떠한 개인에 대해서도 민간인, 민간회사 또는 민간단체를 위하여 노동하도록 제약을 가하지 않는다.

제7조

1. 행정적 기능을 수행하지 않는 기관장은 강제노동을 사용하지 않는다.

2. 행정적 기능을 수행하는 기관장은 이 협약 제10조의 규정에

따라 권한 있는 기관의 명시적 허가를 받아 강제노동을 사용할 수 있다.

3. 적법하게 인정된 기관장으로서 다른 형태로 충분한 보수를 받지 않는 사람은 개인적인 서비스를 이용할 수 있다. 다만, 적절한 규칙을 준수해야 하며, 남용을 방지하기 위하여 모든 필요한 조치를 취한다.

제8조

1. 강제노동을 사용하기 위한 모든 결정에 대한 책임은 해당 영역의 최고 행정기관에 있다.

2. 그럼에도 불구하고, 그 기관은 노동자에게 상거소로부터 이전하게 하지 않는 강제노동을 강요할 권한을 지역 최고기관에 위임할 수 있다. 그 기관은 직무 수행 중인 행정기관 직원의 이동을 용이하게 하고 정부 물품을 운송하기 위하여, 노동자로 하여금 상거소로부터 이전하게 하는 강제노동을 강요할 권한을 이 협약 제23조에 명시된 규정에 나열된 그러한 기간과 조건에 따라 지역 최고기관에 위임할 수 있다.

제9조

이 협약 제10조에 달리 규정된 경우를 제외하고는 강제노동을 강요할 권한 있는 기관은 강제노동을 사용하기로 결정하기에 앞서 다음의 사항을 충족한다.

　가. 수행될 노동이나 제공될 서비스가 이러한 노동을 수행하거나 서비스를 제공하도록 요청받은 공동체에 중대하고 직접적인 이익을 가져다주는 것일 것

　나. 이러한 노동이나 서비스가 현재 필요한 것 또는 그 필요가 임박한 것일 것

　다. 이러한 노동을 수행하거나 서비스를 제공하기 위해서 유사한 노동 또는 서비스에 대한 해당 지역의 통상적인 임금이나 노동 조건보다 불리하지 않은 임금률과 노동 조건을 제공하더라도 자발적인 노동력을 구할 수 없을 것, 그리고

　라. 이용 가능한 노동력 및 노동 수행 능력을 고려할 때, 이러한 노동이나 서비스가 현재 주민에게 과도한 부담이 되지 않을 것

제10조

　1. 조세로서 강요되는 강제노동과 행정적 기능을 수행하는 기관장이 공공사업 이행을 위해 사용하는 강제노동은 점진적으로 폐지한다.

　2. 한편, 강제노동이 조세로서 강요되는 경우 및 행정적 기능을 수행하는 기관장이 공공사업 이행을 위해 강제노동을 사용하는 경우, 관련 기관은 우선 다음의 사항을 충족한다.

　가. 수행될 노동이나 제공될 서비스가 이를 필요로 하는 공동체

에 중대하고 직접적인 이익을 가져다주는 것일 것

나. 이러한 노동이나 서비스가 현재 필요하거나 그 필요가 임박한 것일 것

다. 이용 가능한 노동력 및 노동 수행 능력을 고려할 때, 이러한 노동이나 서비스가 현재 주민에게 과도한 부담이 되지 않을 것

라. 이러한 노동이나 서비스가 노동자로 하여금 상거소로부터 이전하게 하지 않을 것

마. 이러한 노동 수행이나 서비스 제공이 종교, 사회생활 및 농사의 긴급성에 따라 지시될 것

제11조

1. 강제노동은 외견상 나이가 18세 이상 45세 이하인 신체 건강한 성인남성에게만 요구될 수 있다. 이 협약 제10조에서 규정한 종류의 노동에 관한 것을 제외하고는 다음의 제한과 조건이 적용된다.

가. 가능한 모든 경우 해당 개인이 전염병에 걸리지 않았으며, 요구되는 업무와 그 업무가 수행될 여건에 신체적으로 적합한지를 행정기관이 임명한 의사가 사전에 결정할 것

나. 일반적으로 학교 교사와 학생, 행정기관 직원을 제외할 것

다. 각 지역사회에 가족생활 및 사회생활에 필수적인 신체 건강한 성인남성 수를 유지할 것

라. 부부 및 가족 간 유대관계를 존중할 것

2. 위 항 다호의 목적상, 이 협약 제23조에서 정한 규정은 한 번에 강제 노동에 동원될 수 있는 신체 건강한 성인남성 주민의 비율을 정한다. 다만, 이 비율은 어떤 경우에도 25퍼센트를 초과하지 않는다. 이 비율을 결정할 때 권한 있는 기관은 인구 밀도, 주민의 사회적·신체적 발달, 계절 및 해당 개인들이 그들의 지역에서 자신의 이익을 위해 수행해야 하는 작업을 고려하고, 일반적으로 해당 지역사회의 정상적인 생활의 경제적·사회적 필요성을 고려한다.

제12조

1. 어떤 사람이라도 12개월 기간 중 모든 종류의 강제노동에 동원될 수 있는 최장 기간은 작업장을 오가는 시간을 포함하여 60일을 초과하지 않는다.

2. 강제노동을 강요받은 모든 노동자는 그가 완료한 강제노동의 기간이 명시된 증명서를 제공받는다.

제13조

1. 강제노동을 강요받은 사람의 정상 노동시간은 자발적인 노동의 통상적인 노동시간과 동일하며, 정상 노동시간을 초과한 노동시간에 대해서는 자발적인 노동의 초과노동에 대한 통상적인 요율에 따라 보수를 지급한다.

2. 어떤 종류든 강제노동을 강요받은 사람에게는 주당 1일의 휴

일이 부여되며, 이 휴일은 가능한 한 해당 영역 또는 지역의 전통이나 관습으로 정해진 날과 일치한다.

제14조

1. 이 협약 제10조에서 정하는 강제노동을 제외하고는, 노동력이 고용된 지역 또는 노동력이 동원된 지역에서 유사한 작업에 통상적으로 지급되는 요율 중 어느 쪽이든 더 높은 것보다 낮지 않게 현금으로 보수를 지급한다.

2. 기관장이 행정적 기능 수행에 사용하는 노동의 경우, 위 항의 규정에 따른 임금 지급을 가능한 한 조속히 도입한다.

3. 임금은 각 노동자에게 개별적으로 지급하며, 노동자가 속한 집단의 장 또는 그 밖의 기관에 지급하지 않는다.

4. 임금 지급의 목적상, 작업장을 오가는 데 걸리는 일수는 노동일수로 계산한다.

5. 이 조는 일상적인 배급식량을 임금의 일부로 지급하는 것을 금지하지 않으며, 이러한 배급식량은 그에 상응한다고 간주되는 금액과 적어도 동일한 가치가 되도록 한다. 다만, 세금 납부 또는 고용의 특수한 여건에서 작업수행에 적합한 상태로 유지하기 위하여 노동자에게 공급하는 특별한 음식, 의복 또는 숙박이나 공구류 공급 비용은 임금에서 공제하지 않는다.

제15조

1. 노동자 고용에서 발생하는 재해 또는 질병에 대한 노동자 보상에 관한 법령 및 사망하거나 정상적인 생활을 할 수 없게 된 노동자의 피부양자에 대한 보상을 규정하는 법령으로서 해당 영역에서 시행되고 있거나 시행될 것은 강제노동을 강요받은 개인과 자발적 노동자에게 동등하게 적용된다.

2. 어떠한 경우에도 고용으로 인한 재해 또는 질병에 의하여 스스로를 부양할 능력을 완전히 또는 일부 상실한 노동자의 생계를 보장하고, 해당 노동자가 고용으로 인해 정상생활이 불가능한 상태가 되거나 사망하는 경우 이 노동자가 실제로 부양하는 사람의 생활을 보장해 주기 위한 조치를 취하는 것은 노동자를 강제노동에 동원한 기관의 의무이다.

제16조

1. 특별히 필요한 경우를 제외하고는 강제노동을 강요받은 사람은 그들에게 익숙한 음식과 기후와 현저히 달라서 건강을 위태롭게 할 수 있는 지역으로 이동되지 않는다.

2. 노동자를 해당 환경에 적응시키고 그의 건강을 보호하기 위하여 필요한 위생 및 숙박에 관한 모든 조치가 엄격히 적용되지 않는 한, 어떠한 경우에도 이러한 노동자의 이동은 허용되지 않는다.

3. 이러한 이동이 불가피한 경우, 권한 있는 의료 권고에 따라

새로운 식사 및 기후 여건에 대한 점진적인 적응 조치를 도입한다.

4. 이러한 노동자가 익숙하지 않은 정기적인 작업을 수행해야 하는 경우, 특히 점진적인 훈련, 노동시간, 휴식 제공, 필요한 식사의 추가 공급이나 개선과 관련하여 노동자의 작업 적응을 위한 조치를 취한다.

제17조

노동자가 작업장에 상당 기간 동안 체류해야 하는 건설 또는 보수 작업을 위한 강제노동의 사용을 허가하기에 앞서, 권한 있는 기관은 다음 사항을 충족한다.

가. 노동자의 건강을 보호하고 필요한 의료 서비스를 보장하는 모든 필요한 조치를 취할 것. 특히,

1) 노동자가 작업을 개시하기 전, 그리고 노동기간 중 일정한 간격으로 의료 검진을 받도록 할 것

2) 모든 요구사항을 만족시키기 위해 필요한 조제실, 진료소, 병원 및 설비를 갖춘 적절한 의료진이 있을 것

3) 작업장의 위생 상태와 식수, 식량, 연료 및 취사도구 공급, 필요시 거주지 및 의복의 공급이 만족스러울 것

나. 특히 노동자의 요청이나 동의에 따라 안전한 방법으로 임금의 일부를 가족에게 송금하는 것을 용이하게 하여 노동자 가족의 생계를 보장하기 위한 분명한 합의를 할 것

다. 노동자의 작업장 출퇴근은 행정기관의 비용으로 행정기관의 책임하에 이루어지며 행정기관은 이용할 수 있는 모든 운송수단을 최대한 활용하여 출퇴근을 용이하게 할 것

라. 일정 기간의 노동 불가능을 초래하는 질병 또는 재해의 경우, 행정기관의 비용으로 노동자가 송환되도록 할 것

마. 강제노동 만료 시점에 자발적 노동자로 남으려는 노동자는 무료 송환 권리를 2년간 상실하지 않고 그렇게 할 수 있도록 허용될 것

제18조

1. 짐꾼이나 뱃사공의 노동과 같이 여객 또는 화물 운송을 위한 강제노동은 가능한 한 단기간 내에 폐지한다. 그동안에 권한 있는 기관은 특히 다음의 사항을 정하는 규정을 공포한다.

가. 직무 수행 중인 행정기관 직원의 이동을 용이하게 하거나 정부 물품을 운송하기 위하여, 또는 아주 긴급한 필요가 있는 경우 직원 외의 사람을 운송하기 위해서만 강제노동을 이용할 것

나. 의료 검진이 가능한 경우 강제노동에 고용된 노동자의 신체적 적합성을 의학적으로 증명할 것. 이러한 의료 검진이 실행 불가능한 경우, 노동자가 신체적으로 적합하고 전염병을 앓고 있지 않음을 보장할 책임을 해당 노동자의 사용자가 부담할 것

다. 노동자가 운반할 수 있는 최대 하중

라. 노동자의 가정에서 동원된 곳까지의 최대 거리

마. 노동자가 가정으로 귀환하는 데 필요한 일수를 포함하여 한 달 또는 그 밖의 기간 중 동원될 수 있는 최대 일수, 그리고

바. 이러한 형태의 강제노동을 요구할 수 있는 사람 및 강제노동을 요구할 수 있는 정도

2. 위 항 다호, 라호 및 마호에서 규정한 최대 한도를 정할 때 권한 있는 기관은 해당 노동자가 속한 인구의 신체적 발달, 노동자가 통행해야 하는 국가의 상태 및 기후 여건을 포함한 모든 관련 요소를 고려한다.

3. 권한 있는 기관은 더 나아가, 운반하여야 할 중량과 통행거리뿐만 아니라 도로 상태, 계절 및 다른 모든 관련 요소까지 고려해서, 노동자의 통상적인 하루 통행이 하루 평균 8시간 노동에 상당하는 거리를 초과하지 않고, 통행시간이 통상적인 하루 통행시간을 초과하는 경우에는 일반 요율보다 높은 요율로 보수를 지급한다고 규정한다.

제19조

1. 권한 있는 기관은 기근이나 식량공급 부족에 대한 예방수단으로서만 강제 경작을 허용하되, 항상 식량이나 생산물이 이를 생산하는 개인이나 공동체의 소유로 남아있는 것을 조건으로 한다.

2. 생산이 법이나 관습에 따라 공동체 단위로 조직되고 생산물

이나 그 생산물의 판매로부터 발생하는 이익이 그 공동체의 소유로 남는 경우, 이 조는 그 공동체의 구성원이 법이나 관습에 따라 공동체에 의해 요구되는 작업을 수행할 의무를 폐지하는 것으로 해석되지 않는다.

제20조

구성원이 범한 범죄에 대하여 공동체가 처벌될 수 있다고 규정하는 단체처벌 법은 처벌 수단의 하나로서 공동체에 의한 강제노동 규정을 포함하지 않는다.

제21조

강제노동은 광산의 갱내 노동에 사용되지 않는다.

제22조

이 협약을 비준하는 회원국이 협약의 규정을 이행하기 위하여 취한 조치에 관하여 「국제노동기구헌장」 제22조의 규정에 따라 국제노동기구 사무국에 제출하기로 동의한 연례보고서는 각 관련된 영역에 대해서 강제노동이 그 영역에서 사용된 정도, 강제노동이 사용된 목적, 질병 및 사망률, 노동시간, 임금지급 방법 및 임금률에 관한 가능한 한 완전한 정보와 그 밖의 모든 관련 정보를 포함한다.

제23조

1. 이 협약의 규정을 이행하기 위하여 권한 있는 기관은 강제노동 사용을 규율하는 완전하고 명확한 규정을 공포한다.

2. 이러한 규정은 특히 강제노동을 강요받은 사람이 노동 조건에 관한 모든 진정을 정부 당국에 제기할 수 있도록 허용하고, 이러한 진정이 심사되고 고려되도록 하는 규정을 포함한다.

제24조

자발적인 노동을 감독하기 위해 설치된 기존 근로감독관 조직의 임무가 강제노동 감독을 포함하도록 확장하거나 그 밖에 적당한 방법으로, 강제노동 사용을 규율하는 규정이 엄격하게 적용되도록 하기 위해서 적절한 조치를 취한다. 또한, 강제노동을 강요받은 사람이 이러한 규정을 알 수 있도록 하기 위한 조치도 취한다.

제25조

강제노동의 불법적인 강요는 형사 범죄로 처벌되며, 법에 따라 부과되는 형벌이 실제로 적절하고 엄격하게 집행되도록 하는 것이 이 협약을 비준하는 회원국의 의무이다.

제26조

1. 이 협약을 비준하는 국제노동기구 회원국은, 회원국이 국내

관할권 문제에 영향을 미치는 의무를 수락할 권리를 가지는 한, 해당 국가의 주권, 관할권, 보호, 종주권, 감독 또는 지휘권하에 놓여 있는 영역에 대하여 이를 적용하기로 약속한다. 다만, 회원국이 「국제노동기구헌장」 제35조의 규정을 원용하려는 경우, 비준 시 다음의 사항을 명시하는 선언을 첨부한다.

　　가. 해당 회원국이 수정 없이 이 협약 규정을 적용하려는 영역

　　나. 해당 회원국이 이 협약 규정을 수정하여 적용하려는 영역 및 수정의 구체적인 내용

　　다. 해당 회원국이 결정을 유보하는 것과 관련한 영역

　2. 위 선언은 비준의 필수적인 부분으로 간주되며 비준의 효력을 가진다. 모든 회원국은 원래의 선언에서 이 조 나호 및 다호의 규정에 따라 한 유보의 전부 또는 일부를 추후 선언으로 취소할 수 있다.

제27조

「국제노동기구헌장」에 규정된 조건에 따른 이 협약 공식 비준은 등록을 위해 국제노동기구 사무국 사무총장에게 통보된다.

제28조

　1. 이 협약은 국제노동기구 사무국에 비준이 등록된 회원국에만 구속력이 있다.

2. 이 협약은 2개의 국제노동기구 회원국이 사무총장에게 비준을 등록한 날 후 12개월째 되는 날에 발효한다.

3. 그 이후 이 협약은 회원국에 대하여 그 회원국의 비준이 등록된 날 후 12개월째 되는 날에 발효한다.

제29조

국제노동기구 2개 회원국의 비준이 국제노동기구 사무국에 등록되는 즉시 국제노동기구 사무국 사무총장은 국제노동기구의 모든 회원국에 이를 통보한다. 사무총장은 추후에 통보받는 다른 회원국의 비준 등록도 마찬가지로 모든 회원국에 통보한다.

제30조

1. 이 협약을 비준한 회원국은 협약이 처음 발효한 날부터 10년이 경과한 후 국제노동기구 사무국 사무총장에게 등록을 위하여 통보하는 행위를 통하여 협약을 폐기할 수 있다. 그러한 폐기는 국제노동기구 사무국에 등록된 날부터 1년이 될 때까지 발효하지 않는다.

2. 이 협약을 비준하고 위 항에서 언급된 10년의 기간이 만료된 후 1년 내에 이 조에 규정된 폐기권을 행사하지 않는 각 회원국은 다시 5년 동안 이 협약에 기속되며, 각 5년의 기간이 만료되었을 때에 이 조에서 규정한 조건에 따라 협약을 폐기할 수 있다.

제31조

국제노동기구 사무국 이사회는 필요하다고 인정하는 경우, 이 협약 운용에 관한 보고서를 총회에 제출하고, 전체 또는 일부 개정 문제를 총회 의제로 상정하는 것이 바람직한지를 검토한다.

제32조

1. 총회에서 이 협약의 전체 또는 일부를 개정하는 새 협약을 채택하는 경우, 새 개정 협약이 발효한 경우, 위 제30조의 규정에도 불구하고 회원국의 새 개정 협약 비준은 지체할 필요 없이 법률상 이 협약의 폐기를 수반한다.

2. 이 협약은 새 개정 협약이 발효하는 날부터 더 이상 회원국의 비준을 위하여 개방되지 않는다.

3. 그럼에도 불구하고, 이 협약을 비준하였으나 개정 협약은 비준하지 않은 회원국에 대하여 이 협약은 현재의 형식 및 내용으로 계속 유효하다.

제33조

이 협약의 프랑스어본 및 영어본 모두 정본이다.

Forced Labour Convention

PREAMBLE

The General Conference of the International Labour Organisation,

Having been convened at Geneva by the Governing Body of the International Labour Office, and having met in its Fourteenth Session on 10 June 1930, and

Having decided upon the adoption of certain proposals with regard to forced or compulsory labour, which is included in the first item on the agenda of the Session, and

Having determined that these proposals shall take the form of an international Convention,

adopts this twenty-eighth day of June of the year one thousand nine hundred and thirty the following Convention, which may be cited as the Forced Labour Convention, 1930, for ratification by the Members of the International Labour Organisation in accordance with the provisions of the Constitution of the International Labour Organisation:

ARTICLE 1

1. Each Member of the International Labour Organisation which ratifies this Convention undertakes to suppress the use of forced or compulsory labour in all its forms within the shortest possible period.

2. With a view to this complete suppression, recourse to forced or compulsory labour may be had, during the transitional period, for public purposes only and as an exceptional measure, subject to the conditions and guarantees hereinafter provided.

3. At the expiration of a period of five years after the coming into force of this Convention, and when the Governing Body of the International Labour Office prepares the report provided for in Article 31 below, the said Governing Body shall consider the possibility of the suppression of forced or compulsory labour in all its forms without a further transitional period and the desirability of placing this question on the agenda of the Conference.

ARTICLE 2

1. For the purposes of this Convention the term forced or compulsory labour shall mean all work or service which is exacted from any person under the menace of any penalty and for which the said person has not offered himself voluntarily.

2. Nevertheless, for the purposes of this Convention, the term forced or compulsory labour shall not include--

(a) any work or service exacted in virtue of compulsory military service laws for work of a purely military character;

(b) any work or service which forms part of the

normal civic obligations of the citizens of a fully self–governing country;

(c) any work or service exacted from any person as a consequence of a conviction in a court of law, provided that the said work or service is carried out under the supervision and control of a public authority and that the said person is not hired to or placed at the disposal of private individuals, companies or associations;

(d) any work or service exacted in cases of emergency, that is to say, in the event of war or of a calamity or threatened calamity, such as fire, flood, famine, earthquake, violent epidemic or epizootic diseases, invasion by animal, insect or vegetable pests, and in general any circumstance that would endanger the existence or the well–being of the whole or part of the population;

(e) minor communal services of a kind which, being performed by the members of the community in the direct interest of the said community, can therefore be considered as normal civic obligations incumbent upon the members of the community, provided that the members of the community or their direct representatives shall have the right to be consulted in regard to the need for such services.

ARTICLE 3

For the purposes of this Convention the term competent authority shall mean either an authority of the metropolitan country or the highest central authority in the territory concerned.

ARTICLE 4

1. The competent authority shall not impose or permit the imposition of forced or compulsory labour for the benefit of private individuals, companies or associations.

2. Where such forced or compulsory labour for the benefit of private individuals, companies or associations exists at the date on which a Member's ratification of this Convention is registered by the Director-General of the International Labour Office, the Member shall completely suppress such forced or compulsory labour from the date on which this Convention comes into force for that Member.

ARTICLE 5

1. No concession granted to private individuals, companies or associations shall involve any form of forced or compulsory labour for the production or the collection of products which such private individuals, companies or associations utilise or in which they trade.

2. Where concessions exist containing provisions

involving such forced or compulsory labour, such provisions shall be rescinded as soon as possible, in order to comply with Article 1 of this Convention.

ARTICLE 6

Officials of the administration, even when they have the duty of encouraging the populations under their charge to engage in some form of labour, shall not put constraint upon the said populations or upon any individual members thereof to work for private individuals, companies or associations.

ARTICLE 7

1. Chiefs who do not exercise administrative functions shall not have recourse to forced or compulsory labour.

2. Chiefs who exercise administrative functions may, with the express permission of the competent authority, have recourse to forced or compulsory labour, subject to the provisions of Article 10 of this Convention.

3. Chiefs who are duly recognised and who do not receive adequate remuneration in other forms may have the enjoyment of personal services, subject to due regulation and provided that all necessary measures are taken to prevent abuses.

ARTICLE 8

1. The responsibility for every decision to have recourse to forced or compulsory labour shall rest with the highest civil authority in the territory concerned.

2. Nevertheless, that authority may delegate powers to the highest local authorities to exact forced or compulsory labour which does not involve the removal of the workers from their place of habitual residence. That authority may also delegate, for such periods and subject to such conditions as may be laid down in the regulations provided for in Article 23 of this Convention, powers to the highest local authorities to exact forced or compulsory labour which involves the removal of the workers from their place of habitual residence for the purpose of facilitating the movement of officials of the administration, when on duty, and for the transport of Government stores.

ARTICLE 9

Except as otherwise provided for in Article 10 of this Convention, any authority competent to exact forced or compulsory labour shall, before deciding to have recourse to such labour, satisfy itself--

(a) that the work to be done or the service to be rendered is of important direct interest for the community called upon to do work or render the service;

(b) that the work or service is of present or imminent necessity;

(c) that it has been impossible to obtain voluntary labour for carrying out the work or rendering the service by the offer of rates of wages and conditions of labour not less favourable than those prevailing in the area concerned for similar work or service; and

(d) that the work or service will not lay too heavy a burden upon the present population, having regard to the labour available and its capacity to undertake the work.

ARTICLE 10

1. Forced or compulsory labour exacted as a tax and forced or compulsory labour to which recourse is had for the execution of public works by chiefs who exercise administrative functions shall be progressively abolished.

2. Meanwhile, where forced or compulsory labour is exacted as a tax, and where recourse is had to forced or compulsory labour for the execution of public works by chiefs who exercise administrative functions, the authority concerned shall first satisfy itself--

(a) that the work to be done or the service to be rendered is of important direct interest for the community called upon to do the work or render the service;

(b) that the work or the service is of present or imminent necessity;

(c) that the work or service will not lay too heavy a burden upon the present population, having regard to the labour available and its capacity to undertake the work;

(d) that the work or service will not entail the removal of the workers from their place of habitual residence;

(e) that the execution of the work or the rendering of the service will be directed in accordance with the exigencies of religion, social life and agriculture.

ARTICLE 11

1. Only adult able-bodied males who are of an apparent age of not less than 18 and not more than 45 years may be called upon for forced or compulsory labour. Except in respect of the kinds of labour provided for in Article 10 of this Convention, the following limitations and conditions shall apply:

(a) whenever possible prior determination by a medical officer appointed by the administration that the persons concerned are not suffering from any infectious or contagious disease and that they are physically fit for the work required and for the conditions under which it is to be carried out;

(b) exemption of school teachers and pupils and officials of the administration in general;

(c) the maintenance in each community of the number of adult able—bodied men indispensable for family and social life;

(d) respect for conjugal and family ties.

2. For the purposes of subparagraph (c) of the preceding paragraph, the regulations provided for in Article 23 of this Convention shall fix the proportion of the resident adult able—bodied males who may be taken at any one time for forced or compulsory labour, provided always that this proportion shall in no case exceed 25 per cent. In fixing this proportion the competent authority shall take account of the density of the population, of its social and physical development, of the seasons, and of the work which must be done by the persons concerned on their own behalf in their locality, and, generally, shall have regard to the economic and social necessities of the normal life of the community concerned.

ARTICLE 12

1. The maximum period for which any person may be taken for forced or compulsory labour of all kinds in any one period of twelve months shall not exceed sixty days, including the time spent in going to and from the place of work.

2. Every person from whom forced or compulsory labour is exacted shall be furnished with a certificate indicating the periods of such labour which he has completed.

ARTICLE 13

1. The normal working hours of any person from whom forced or compulsory labour is exacted shall be the same as those prevailing in the case of voluntary labour, and the hours worked in excess of the normal working hours shall be remunerated at the rates prevailing in the case of overtime for voluntary labour.

2. A weekly day of rest shall be granted to all persons from whom forced or compulsory labour of any kind is exacted and this day shall coincide as far as possible with the day fixed by tradition or custom in the territories or regions concerned.

ARTICLE 14

1. With the exception of the forced or compulsory labour provided for in Article 10 of this Convention, forced or compulsory labour of all kinds shall be remunerated in cash at rates not less than those prevailing for similar kinds of work either in the district in which the labour is employed or in the district from which the labour is recruited, whichever may be the higher.

2. In the case of labour to which recourse is had by chiefs in the exercise of their administrative functions, payment of wages in accordance with the provisions of the preceding paragraph shall be introduced as soon as possible.

3. The wages shall be paid to each worker individually and not to his tribal chief or to any other authority.

4. For the purpose of payment of wages the days spent in travelling to and from the place of work shall be counted as working days.

5. Nothing in this Article shall prevent ordinary rations being given as a part of wages, such rations to be at least equivalent in value to the money payment they are taken to represent, but deductions from wages shall not be made either for the payment of taxes or for special food, clothing or accommodation supplied to a worker for the purpose of maintaining him in a fit condition to carry on his work under the special conditions of any employment, or for the supply of tools.

ARTICLE 15

1. Any laws or regulations relating to workmen's compensation for accidents or sickness arising out of the employment of the worker and any laws or regulations providing compensation for the dependants of deceased or incapacitated workers which are or shall be in force in the territory concerned shall be equally applicable to persons

from whom forced or compulsory labour is exacted and to voluntary workers.

2. In any case it shall be an obligation on any authority employing any worker on forced or compulsory labour to ensure the subsistence of any such worker who, by accident or sickness arising out of his employment, is rendered wholly or partially incapable of providing for himself, and to take measures to ensure the maintenance of any persons actually dependent upon such a worker in the event of his incapacity or decease arising out of his employment.

ARTICLE 16

1. Except in cases of special necessity, persons from whom forced or compulsory labour is exacted shall not be transferred to districts where the food and climate differ so considerably from those to which they have been accustomed as to endanger their health.

2. In no case shall the transfer of such workers be permitted unless all measures relating to hygiene and accommodation which are necessary to adapt such workers to the conditions and to safeguard their health can be strictly applied.

3. When such transfer cannot be avoided, measures of gradual habituation to the new conditions of diet and of climate shall be adopted on competent medical advice.

4. In cases where such workers are required to perform regular work to which they are not accustomed, measures shall be taken to ensure their habituation to it, especially as regards progressive training, the hours of work and the provision of rest intervals, and any increase or amelioration of diet which may be necessary.

ARTICLE 17

Before permitting recourse to forced or compulsory labour for works of construction or maintenance which entail the workers remaining at the workplaces for considerable periods, the competent authority shall satisfy itself——

(1) that all necessary measures are taken to safeguard the health of the workers and to guarantee the necessary medical care, and, in particular, (a) that the workers are medically examined before commencing the work and at fixed intervals during the period of service, (b) that there is an adequate medical staff, provided with the dispensaries, infirmaries, hospitals and equipment necessary to meet all requirements, and (c) that the sanitary conditions of the workplaces, the supply of drinking water, food, fuel, and cooking utensils, and, where necessary, of housing and clothing, are satisfactory;

(2) that definite arrangements are made to ensure

the subsistence of the families of the workers, in particular by facilitating the remittance, by a safe method, of part of the wages to the family, at the request or with the consent of the workers;

(3) that the journeys of the workers to and from the workplaces are made at the expense and under the responsibility of the administration, which shall facilitate such journeys by making the fullest use of all available means of transport;

(4) that, in case of illness or accident causing incapacity to work of a certain duration, the worker is repatriated at the expense of the administration;

(5) that any worker who may wish to remain as a voluntary worker at the end of his period of forced or compulsory labour is permitted to do so without, for a period of two years, losing his right to repatriation free of expense to himself.

ARTICLE 18

1. Forced or compulsory labour for the transport of persons or goods, such as the labour of porters or boatmen, shall be abolished within the shortest possible period. Meanwhile the competent authority shall promulgate regulations determining, inter alia, (a) that such labour shall only be employed for the purpose of facilitating the movement of officials of the administration, when on

duty, or for the transport of Government stores, or, in cases of very urgent necessity, the transport of persons other than officials, (b) that the workers so employed shall be medically certified to be physically fit, where medical examination is possible, and that where such medical examination is not practicable the person employing such workers shall be held responsible for ensuring that they are physically fit and not suffering from any infectious or contagious disease, (c) the maximum load which these workers may carry, (d) the maximum distance from their homes to which they may be taken, (e) the maximum number of days per month or other period for which they may be taken, including the days spent in returning to their homes, and (f) the persons entitled to demand this form of forced or compulsory labour and the extent to which they are entitled to demand it.

2. In fixing the maxima referred to under (c), (d) and (e) in the foregoing paragraph, the competent authority shall have regard to all relevant factors, including the physical development of the population from which the workers are recruited, the nature of the country through which they must travel and the climatic conditions.

3. The competent authority shall further provide that the normal daily journey of such workers shall not exceed a distance corresponding to an average working day of eight hours, it being understood that account shall be taken not

only of the weight to be carried and the distance to be covered, but also of the nature of the road, the season and all other relevant factors, and that, where hours of journey in excess of the normal daily journey are exacted, they shall be remunerated at rates higher than the normal rates.

ARTICLE 19

1. The competent authority shall only authorise recourse to compulsory cultivation as a method of precaution against famine or a deficiency of food supplies and always under the condition that the food or produce shall remain the property of the individuals or the community producing it.

2. Nothing in this Article shall be construed as abrogating the obligation on members of a community, where production is organised on a communal basis by virtue of law or custom and where the produce or any profit accruing from the sale thereof remain the property of the community, to perform the work demanded by the community by virtue of law or custom.

ARTICLE 20

Collective punishment laws under which a community may be punished for crimes committed by any of its members shall not contain provisions for forced or compulsory labour by the community as one of the methods of punishment.

ARTICLE 21

Forced or compulsory labour shall not be used for work underground in mines.

ARTICLE 22

The annual reports that Members which ratify this Convention agree to make to the International Labour Office, pursuant to the provisions of Article 22 of the Constitution of the International Labour Organisation, on the measures they have taken to give effect to the provisions of this Convention, shall contain as full information as possible, in respect of each territory concerned, regarding the extent to which recourse has been had to forced or compulsory labour in that territory, the purposes for which it has been employed, the sickness and death rates, hours of work, methods of payment of wages and rates of wages, and any other relevant information.

ARTICLE 23

1. To give effect to the provisions of this Convention the competent authority shall issue complete and precise regulations governing the use of forced or compulsory labour.

2. These regulations shall contain, inter alia, rules permitting any person from whom forced or compulsory labour is exacted to forward all complaints relative to the conditions of labour to the authorities and ensuring that such complaints will be examined and taken into consideration.

ARTICLE 24

Adequate measures shall in all cases be taken to ensure that the regulations governing the employment of forced or compulsory labour are strictly applied, either by extending the duties of any existing labour inspectorate which has been established for the inspection of voluntary labour to cover the inspection of forced or compulsory labour or in some other appropriate manner. Measures shall also be taken to ensure that the regulations are brought to the knowledge of persons from whom such labour is exacted.

ARTICLE 25

The illegal exaction of forced or compulsory labour shall be punishable as a penal offence, and it shall be an obligation on any Member ratifying this Convention to ensure that the penalties imposed by law are really adequate and are strictly enforced.

ARTICLE 26

1. Each Member of the International Labour Organisation which ratifies this Convention undertakes to apply it to the territories placed under its sovereignty, jurisdiction, protection, suzerainty, tutelage or authority, so far as it has the right to accept obligations affecting matters of internal jurisdiction; provided that, if such Member may desire to take advantage of the provisions of article 35 of the Constitution of the International Labour Organisation, it shall append to its ratification a declaration stating——

(1) the territories to which it intends to apply the provisions of this Convention without modification;

(2) the territories to which it intends to apply the provisions of this Convention with modifications, together with details of the said modifications;

(3) the territories in respect of which it reserves its decision.

2. The aforesaid declaration shall be deemed to be an integral part of the ratification and shall have the force of ratification. It shall be open to any Member, by a subsequent declaration, to cancel in whole or in part the reservations made, in pursuance of the provisions of subparagraphs (2) and (3) of this Article, in the original declaration.

ARTICLE 27

The formal ratifications of this Convention under the conditions set forth in the Constitution of the International Labour Organisation shall be communicated to the Director-General of the International Labour Office for registration.

ARTICLE 28

1. This Convention shall be binding only upon those Members whose ratifications have been registered with the International Labour Office.

2. It shall come into force twelve months after the date on which the ratifications of two Members of the International Labour Organisation have been registered with the Director-General.

3. Thereafter, this Convention shall come into force for any Member twelve months after the date on which the ratification has been registered.

ARTICLE 29

As soon as the ratifications of two Members of the International Labour Organisation have been registered with the International Labour Office, the Director-General of the International Labour Office shall so notify all the Members of the International Labour Organisation. He shall likewise notify them of the registration of ratifications which may be communicated subsequently by other Members of the Organisation.

ARTICLE 30

1. A Member which has ratified this Convention may denounce it after the expiration of ten years from the date on which the Convention first comes into force, by an act communicated to the Director-General of the International Labour Office for registration. Such denunciation shall not take effect until one year after the date on which it is registered with the International Labour Office.

2. Each Member which has ratified this Convention and which does not, within the year following the expiration of the period of ten years mentioned in the preceding paragraph, exercise the right of denunciation provided for in this Article, will be bound for another period of five years and, thereafter, may denounce this Convention at the expiration of each period of five years under the terms provided for in this Article.

ARTICLE 31

At such times as it may consider necessary the Governing Body of the International Labour Office shall present to the General Conference a report on the working of this

Convention and shall examine the desirability of placing on the agenda of the Conference the question of its revision in whole or in part.

ARTICLE 32

1. Should the Conference adopt a new Convention revising this Convention in whole or in part, the ratification by a Member of the new revising Convention shall ipso jure involve denunciation of this Convention without any requirement of delay, notwithstanding the provisions of Article 30 above, if and when the new revising Convention shall have come into force.

2. As from the date of the coming into force of the new revising Convention, the present Convention shall cease to be open to ratification by the Members.

3. Nevertheless, this Convention shall remain in force in its actual form and content for those Members which have ratified it but have not ratified the revising convention.

ARTICLE 33

The French and English texts of this Convention shall both be authentic.